U0522470

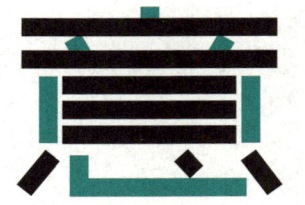

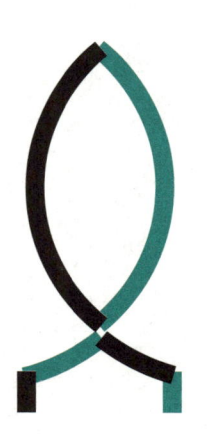

创意家长会

高中卷

秦望 吴小霞 主编

大夏书系 — 全国中小学班主任培训用书

华东师范大学出版社
·上海·

前言　打造家长会教学参考书

家长会是家校合作的主要方式之一。

遗憾的是家长会的效果却不尽如人意。有关调查显示，学生和家长对家长会的负面评价颇多，甚至出现学生"不要开"，家长"不想开"，教师"不愿开"的现象。

主要原因是传统家长会一般以学业为中心，格式比较单一：领导统一讲话，学生代表发言；开会三步走——教师说成绩、家长谈经验、老班讲问题；内容老三篇——宣传带班理念、介绍在校情况、提出配合要求。从内容到形式落入俗套。

家长会到底是什么？为什么要重视家长会？

家长会，是指以班级（年级、学校）为单位，由班主任或学校组织所在班级所有或部分家长、教师和学生参加，交流学生在校在家情况，为促进学生高效学习与健康成长而召开的家校沟通会议。

家长会可以宣传学校办学理念主张、展示班级师生精神风貌、交流学生在校在家情况、了解家长的合理诉求、增进家校之间沟通理解、解决孩子教育的共性问题、众筹建班育儿的集体智慧、促进家长群体专业成长、推动家长参与班级管理、形成家校协同育人机制。

传统家长会式微，在信息爆炸的时代，"创意家长会"会让家长会这一传统家校合作的主要方式焕发蓬勃生机。

目前，图书市场上这类书籍很少，于是，8+1工作室与吴小霞名班主任工作室联合打造"创意家长会"课程：分小学、初中、高中三个学段，每个学段24场，共计72场创意家长会。

这套"创意家长会"（三卷）丛书有如下几个特点：

（1）创意性。既注重主题内容的深挖，也非常注重形式的灵活。主题内容表述语言灵动，采用体验式、参与式、案例式、游戏式等多种形式，内容与形式和谐统一，创造出一种美感家长会，使家长会成为学生和家长喜闻乐见的家校合作方式。

（2）实操性。在编写过程中，不仅经过各类小组近百次网络研讨磨稿，群策群力、众筹智慧，使教案设计趋于完善，而且每篇家长会教案都经过不同地域、多个班级实操演练，反复修改、调试，分工化、流程化、表格化，方便使用。每场家长会预设1.5个小时，时间适中。每位在班里操练的本书作者都说"创意家长会"很好用，实操性强。

（3）课程性。"创意家长会"在"家长如何协助学校，学校如何帮助家长"这个问题上，提供了12年基础教育的家长课程，每场家长会围绕一个特定阶段中家校双方急需沟通的话题来设计主题，72场家长会，满足了家校双方所需。能够开好72场家长会的班主任就成为半个家教专家了，能够参加72场家长会的父母便修炼成专业的父母了。

这本《创意家长会（高中卷）》，共计24个主题，提供24场家长会案例，课程体系如下：

序号	学期	召开时间	类别	主题
01	高一上	开学	高中生活	智慧参与，舞出高中精彩
02		期中	人际关系	让家庭为孩子的交往保驾护航
03		期末	高中学法	学"法"无涯"巧"作舟
04		特殊应急	选课走班	"选"定乾坤，"课"画未来
05	高一下	开学	生涯规划	让孩子遇见更好的自己
06		期中	书香家庭	书香飘万家，阅读促成长
07		期末	亲子沟通	沟通，让家庭更美好
08		特殊应急	体艺学生	"体"验不同，"艺"常精彩

续表

序号	学期	召开时间	类别	主题
09	高二上	开学	高二生活	高二巡航，拒绝迷茫
10		期中	女生教育	做个美丽的女生
11		期末	男生教育	做个靠谱的男生
12		特殊应急	安全教育	做孩子的首席安全官
13	高二下	开学	假期复盘	假期"复"好盘，开学"翻"新篇
14		期中	财商教育	让财商点亮孩子的富足人生
15		期末	五项管理	圆桌咖啡"慧"议，共商五项管理
16		特殊应急	情绪调节	和情绪做朋友
17	高三上	开学	高三备考	直面高三，携手同行
18		期中	复习指导	家长有"位"，学生有"为"
19		期末	高三寒假	伏行寒假，飞升高考
20		特殊应急	分层家长会	分层把脉，精准施策
21	高三下	开学	百日冲刺	一百天，星光灿烂
22		期中	心态调整	掌控焦虑，赢定高考
23		特殊应急	考前励志	以16班的名义宣誓
24		高考后	志愿填报	志愿填报不求人

24个主题，每个主题的解读，作者都阅读了大量资料，深挖主题内涵，每场家长会都以"会""课"合一的方式来呈现，均有清晰的线索、咬合的环节、流畅的过渡、设计的意图，24场家长会将起到家校沟通的桥梁、家长育子的助手的作用，将帮助家长撑起孩子生命的深度、家校合作的宽度。

参与编写的作者们，对自己的作品充满信心与期待。

作者朱丽丽老师的一篇公众号文章见证了"家长会"项目组磨稿之用心。

磨稿，使灵魂通透柔软

只因为动了一点心，便义无反顾。

不记得是哪一天，我翻朋友圈看到一则消息：征集家长会设计文稿。有好奇，有忐忑，有踌躇，有勇气，终究还是决定试一试。这便是心动的感觉。

第一篇文稿写出来，反响不错，我心生欢喜，又认领了一篇，写这篇有点艰难，但还是成稿了。人总是好了伤疤忘了疼的，见剩余的主题中还有一篇关于阅读的，我又认领了。也就是这篇文稿，让我吃尽苦头。因为刚开始写我就病了，不仅如此，各类文稿也开始紧锣密鼓地打磨了。

我的病毒感染周期特别长，半个月嗓子还不能出声，咳嗽咳到吐。大约是第五天，我下床走路还飘飘摇摇的，群内突然要求交稿，而我存储文稿的U盘在学校办公室里。成年人最大的修养是不解释，我不想被人催稿，于是把自己裹成粽子，连夜骑车到学校拿U盘。说实话，我自己都被自己感动了，但没有感动老天爷，回家后我发现U盘里的文稿竟然不是修改稿！发烧的那几天确实有点精神恍惚，那就更不需要解释了，第二天一早我又骑着车赶去学校，从办公电脑上拷下最新版文稿。

这段经历令我印象深刻，当我骑着车行驶在漆黑的环城路上时，我心里有个声音：永远忍住解释，你只要去做就好了。

打磨文稿的过程很不容易，我一边要修改前两篇文稿，一边要写第三篇文稿。因为是为自己的事负责，也没什么好说的。

有一天晚上，我冥思苦想了很久，问读高中的儿子："你觉得你现在的学习难吗？"他想了一下说："当然很难！"我松了一口气，说："我想起我们爬山的时候，向上攀登的时候感觉很累，当感觉轻松的时候就知道自己没有在往上爬了，下山嘛，就更加轻快了。学习，同样如此，感觉难的时候，就是不断提升的时候。"

主编要求写一个主题，就要广泛阅读，成为一个主题的"专家"。那段时间，我借机读了很多书。知识内化需要时间，要理解，要实践，内化于心，方能出口成章。抄是不可能的，寻章摘句也不行。为了在短时间里完成任务，我一般会在读完一本书后，记一些笔记，然后睡一觉，让知识在大脑中发酵一段时间，期待灵感的小火花，能在涂涂画画中偶尔蹦出来一星半点。这样的"速食"，所得当然也很有限。

线上研讨从一周一次变成一周两次，后来愈加频繁。每次研讨之后，都是我焦虑的巅峰期。大家给的意见很多，也很有道理。但我跳不出自己思维的定势，很难接受他们的想法。常听有人诉苦："写东西比生孩子还难。"每篇文稿的每个字都是自己敲出来的，哪怕它"丑"，也敝帚自珍。

就这样敲敲打打，缝缝补补，把前两篇稿子磨了十来遍，还未见起色，而第三篇文稿的打磨已经提上日程。

打磨的过程，不是融合，是辩证地思维。

以前我帮别人磨课的时候，指点江山，激扬文字，曾经数次把别人的文稿推倒重来。那种干脆利落，到了自己这里就底气不足。我也体会到"好的，我再改！""还需要怎样改呢？"这样的话背后是深深的无奈与纠结。作为同行，除非是原则性的错误，每个人的思维都有一定的合理性，甚至有我并未领略的内容。我能给予的是我的思考，在我们共同领略的地方迸出火花，带给他新的思考。

因此，我开始梳理脑中纷乱的声音。

我在写阅读主题的内容时，为自己设计中的几点创意沾沾自喜，因此对文稿更加"珍惜"。打磨文稿时大家也都觉得没有太大问题，准备放行。但有位老师提出"科学的阅读时间"的内容，让我意识到这是我忽略的部分。但是加上这部分内容，我的整个框架就要改变，我引以为傲的内容就要删减。斟酌了一个晚上，把两个方案放在一起作了比较，最后还是忍痛割爱，删减了部分内容，调整了结构，增加了"科学的阅读时间"的内容。相较于修改前"差不多"的惴惴不安，成稿后，是满满的喜悦与平静。

王阳明说："你未看此花时，此花与汝心同归于寂；你来看此花时，则此花颜色一时明白起来。便知此花不在你的心外。"

你没有看这朵花时，这朵花就和你的心一样寂然，像是没有存在过一样；当你来看它时，它的颜色才明明白白地展示在你的面前。这样便知道这朵花并不是独立于你的意识而存在的。

一样东西，没有进入你的视野、你的内心，于你就不存在意义。

磨课，是否同理？

思维卡壳的时候，最应该问问自己，即便求诸他人，也要辩证思维，内化于心，才有意义。因为你要相信，但凡能使你接受的，都是你思维界域之内的东西。

所有的遇见，都是久别重逢。

我喜欢这个团队，虽然在学习小组里我的自恋时常受到冲击。论能力，谁都有两把刷子；论努力，实在还轮不上我。我从未见过这样的团队，大家来自五湖四海，隔着屏幕交流思想，知无不言，倾囊相授。每一个人都那么耀眼，又生机勃勃。熬夜改稿，不算新鲜事，开会开到年三十，倒是头一次。年二十九的晚上大家讨论到11点，我因为出谋划策，大脑亢奋到近凌晨2点才睡着。

2023年，我确实过了个"文化年"！

2023 年 1 月 21 日（除夕）

由于本书编写的工作量很大，难免有错漏之处，敬请读到本书的班主任和家长批评指正。反馈意见请发邮箱：726801809@qq.com。

目录
CONTENTS

01. 高中生活：智慧参与，舞出高中精彩   001

02. 人际关系：让家庭为孩子的交往保驾护航   013

03. 高中学法：学"法"无涯"巧"作舟   022

04. 选课走班："选"定乾坤，"课"画未来   035

05. 生涯规划：让孩子遇见更好的自己   046

06. 书香家庭：书香飘万家，阅读促成长   060

07. 亲子沟通：沟通，让家庭更美好   071

08. 体艺学生："体"验不同，"艺"常精彩   082

09. 高二生活：高二巡航，拒绝迷茫   093

10. 女生教育：做个美丽的女生   107

11. 男生教育：做个靠谱的男生   118

12. 安全教育：做孩子的首席安全官   130

13. 假期复盘：假期"复"好盘，开学"翻"新篇　　141
14. 财商教育：让财商点亮孩子的富足人生　　153
15. 五项管理：圆桌咖啡"慧"议，共商五项管理　　164
16. 情绪调节：和情绪做朋友　　174
17. 高三备考：直面高三，携手同行　　186
18. 复习指导：家长有"位"，学生有"为"　　196
19. 高三寒假：伏行寒假，飞升高考　　207
20. 分层家长会：分层把脉，精准施策　　217
21. 百日冲刺：一百天，星光灿烂　　228
22. 心态调整：掌控焦虑，赢定高考　　240
23. 考前励志：以16班的名义宣誓　　251
24. 志愿填报：志愿填报不求人　　263

01. 高中生活：
智慧参与，舞出高中精彩

背景分析

经过近十年的寒窗苦读，一批优秀的初中毕业生"鲤鱼跳龙门"般顺利地跨进了高中的大门，本以为可以松口气，却发现诸多不适——自控能力差、学习缺乏自主性、不适应高中作息、学习方法不当、心理存在落差、人际交往烦恼等，如果家长不及时提供帮助，则不利于孩子成长。而2021年10月颁布的《中华人民共和国家庭教育促进法》鲜明地突出了家庭教育的重要地位，强调了家校合作中家长参与的必要性。为了号召并引导家长智慧地参与到班级管理中来，帮助孩子适应高中生活，舞出高中精彩，特召开本次家长会。

本次会议的参加对象是高一新生家长，活动时间是高一开学后的9月中下旬。

会议目标

目标	家长	学生
知识层面	熟悉班级，了解高中阶段尤其是高一阶段孩子可能存在的问题。	熟悉班级，了解高中阶段尤其是高一阶段自己会面临的困难。

续表

目标	家长	学生
能力层面	达成合作共识，智慧参与到班级管理中来，正确引导孩子合理解决遇到的问题。	在家长的陪伴下，走出诸多不适，健康快乐地成长。
态度层面	认识到家长也是教育者，主动配合班级，积极引导孩子适应高中生活。	悦纳家长的引导，积极主动地适应高中生活。

会议准备

1. 材料准备

（1）精选开学以来的照片，制作滚动播放的"会前花絮"PPT，并配上音乐《请让我慢慢成长》（红唇族），用于会前暖场。

（2）印制相关文章与表格，会中发放。

2. 环境准备

搞好教室卫生，注意更新室内室外文化宣传材料；准备好足够的桌凳；为每位家长摆上饮料、水果。

3. 其他准备

请学生提前设计邀请函的内容，并制作个性邀请函。

会议过程

（伴着音乐《请让我慢慢成长》，滚动播放本次家长会的"会前花絮"PPT——学生开学以来的学习、生活照片。）

师： 尊敬的各位家长朋友们，大家好！刚才大家一起欣赏了孩子们进入高中以来的精彩瞬间，祝贺您的孩子顺利考入我校，热烈欢迎孩子们来到我班学习、成长！

俗话说：良好的开端是成功的一半。开学近一个月了，您的孩子对高中学习、生活是否适应？您对孩子近期的表现是否满意？您对如何帮助孩子健康成长是否存在困惑？

为此，我们今天相聚一起，真诚交流，将为您答疑解惑，帮您智慧参与，陪孩子舞出高中精彩！

第一环节　你言我语，畅谈孩子

1. 破冰游戏，相互熟悉

师：各位家长，来到新班，大家还不太熟悉，为了加强了解，我们先一起玩个小游戏，规则如下（PPT 出示）：

排队游戏步骤：

（1）活动分组：全体家长分成 8～12 人的小组。

（2）明确内容：在活动中，大家将有机会获取一些不曾了解的信息。

（3）活动规则：

①该活动是小组间的比赛，大家根据我给出的指示来排队。

②当你完成队列之后，所有组员应该拍手，示意已准备好了，最先完成任务的小组获胜。

（4）先练习一次，请大家按照身高排队，并在准备好后拍手示意。

（5）开始游戏，在每次排队后，第一个先拍手的小组就是获胜小组。

预设： 依次让各小组按姓氏首字母、喜欢的水果首字母、孩子年龄由大到小等顺序排队。

2. 畅谈孩子，坦露心声

（1）闭目回想，记录细节。

师：各位家长朋友们，感谢大家游戏中的积极参与，现在我们更加亲近啦！下面请大家再配合我，做个冥想小游戏：先闭上眼睛，想一想，从您的孩子领到高中录取通知书那一刻起，作为家长，对孩子的未来您一定有许多美好的期待，或者是考入一所理想的大学，或者是从事一份美好的职业。近一个月来，孩子身上有了许多可喜的变化，让您备感欣慰。然而，随着时间的推移，您明显感受到孩子正与自己的期待渐行渐远，内心不免产生一份深深的担忧。

好啦，请大家睁开眼睛，将刚才想到的信息，填写到手头的"学生阶段发展记录卡"中，做好交流准备。

记录视角	具体表现
家长期望	
好的表现	
不良表现	

（2）上台讲述，尽情倾诉。

师： 下面请大家自愿举手（如果没人举手，则采用击鼓传花的方式），按照记录卡的顺序，进行全班交流，大家尽可能地说一个具体的事件，加入细节，真诚地表达自己的想法。

预设： 有的会谈到孩子对作息不适应，有的会谈到孩子的人际交往，有的会谈到孩子的学习成绩，有的会谈到孩子的偏科问题，有的会谈到孩子的生活自理，有的会谈到孩子的自律自立……班主任顺势归纳。

过渡： 聆听了各位的心声，我被大家的真诚深深感动着，大家都关爱着孩子，为他们欢喜，为他们担忧！大家欢喜着的，将是我们要去共同维护的；而大家担忧的，也将是我们要重点合作解决的！

设计意图 通过破冰游戏，活跃气氛，增进了解，营造轻松氛围。借助上台倾诉，了解家长欣赏什么，担心什么，自然地引出高中生活话题，促使大家思考孩子成长问题，为后续环节做好铺垫。

第二环节　微型讲座，探明原因

师： 其实，孩子身上出现的一些问题是成长阶段的正常变化，我们不必过分紧张与焦虑。这些问题既有短期发展的适应性问题，也有常态发展的阶段性问题，更有高中三年发展的关键性问题。我们需要分清主次，有针对性地解决。下面，我将通过微型讲座的方式，向大家一一介绍。

1. 短期发展的适应性问题

师： 刚进入高中的孩子，往往会出现一些典型的不适症状，您的孩子是不是有这些表现呢？（PPT 出示）

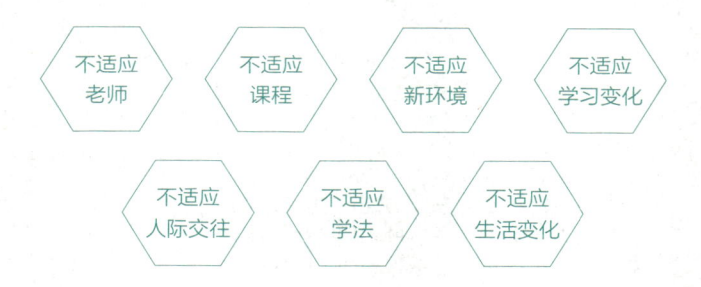

- 不适应老师
- 不适应课程
- 不适应新环境
- 不适应学习变化
- 不适应人际交往
- 不适应学法
- 不适应生活变化

师： 您的孩子身上有这样的表现吗？请举手示意。其实大家不用担心，随着班级的发展、教师的引导与学生的适应，这些问题都是会逐渐消失的。

2. 常态发展的阶段性问题

师： 高中三年，在每个月份都会有一些大的事件发生，家长与学生都应了解，主动适应，避免踩坑。下边的表格是高中三年大事年表（部分），供大家参考。（PPT 出示）

时间		事件	可能出现的问题	不要出现的失误	备注
高一年级	上学期	8月 ◎报到。 ◎分班考试。 ◎军训。	◎中考结束后不要将功课抛到脑后，以免在分班考试时措手不及。 ◎没有分入好的班级不要气馁，继续努力。 ◎据公安部门统计，离家出走的孩子以16岁居多，这正是高一孩子的年龄。	◎重点就是重点，不要因怄气、金钱等方面原因放弃上重点的机会。 ◎中考结束后玩得太狠，分班考试成绩不理想。	◎分班考试一般由学校自主命题，偏难。
		9月 ◎正式开学。 ◎月考。	◎尽快收心，投入到学习中去，融入到学习中去，融入新的集体。 ◎高中功课比初中功课难，要找到新的学习方法。 ◎第一次月考，一定要重视。	◎认为考上重点了，可以松一口气，结果迟迟进入不了状态。 ◎第一次月考就考砸了，影响"形象"，影响信心。	
		10月 ◎十一长假7天。 ◎为促进新集体的团结，一般会有活动、竞赛，如秋游、运动会、年级篮球比赛等。 ◎月考。	◎十一长假不宜全部用于外出旅游，最好总结一下开学以来的学习。 ◎尽量参加集体活动，和同学打成一片。	◎十一出去玩，筋疲力尽，开学后几天缓不过来。 ◎不参加任何集体活动，显得孤傲不合群。	

师：这里只展示了部分内容，如果大家感兴趣，可以购买相关书籍《高中三年早知道》（日新主编，谢达编著，卢勤推荐），或者阅读网络上的高中三年"重要事件"清单。

3. 高中三年发展的关键性问题

师：各位家长朋友，高中三年时光是短暂的，也是漫长的。在这三年里，外部环境在不断地发生变化，孩子的内在身心也在发生着变化。我们及早地预知孩子高中阶段的身心特点，能有效地帮助孩子跨越关键阶段。下面我借助一张表格给大家讲解（PPT出示）。

内容	高一	高二	高三
心理特点	独立性增强 感情内隐化 想法比较多 父母沟通难	情绪不稳定 敏感且焦虑 早恋易出现 择友较谨慎	考试压力大 容易闹情绪 及时调整好 有利于进步
学习特点	深度难度跨度大 知识牵引能力差 综合学习能力差	两极分化明显 主动意识增强 期待高考又恐惧	关注知识"点" 关注知识"面" 关注知识间联系
关键问题	关键词——"难" 追求量变到质变 知识量增大 理论性增强 系统性增强 综合性增强 能力要求增加	关键词——"分化" 知识难度大大增加 高三内容提前学习 稍有松懈下滑 就会掉队分化	关键词——"高压" 面对多方面的压力 明确高考奋斗目标 勤于及时自我反思 合理准确定位自己 科学制订发展规划

师：各位家长，这对您有什么启示？

预设：有的家长可能会谈到孩子的叛逆问题，有的家长可能会谈到孩子的情绪问题，有的家长可能会谈到早恋问题……

过渡：各位家长朋友，通过微型讲座，我们知道了孩子在高中阶段会出现这样那样的问题，有的是短期的适应性问题，有的是长期的阶段性问题，有的是影响成长的关键性问题，找到了方向，我们不再慌张。接下来，我们将一一寻找解决办法。

设计意图：通过三个微型讲座，让家长了解到孩子在高中阶段会出现哪些问题，对已出现的能坦然面对，对未出现的能有所预知，也为后边问题解决环节做好铺垫。

第三环节　融入班级，轻松适应

师：我们知道，班级是孩子成长的重要舞台，三年里，我们将积极建设一个良好的班级，让孩子们快速适应并融入，将孩子短期不适问题一一化解，让家长少一份担忧，多一份欢喜！下面由我来介绍班级，请您来评点。

1. 我们的团队
PPT 依次出示老师名片、学生评语。

2. 我们的班级
PPT 出示老班名片、带班理念。

3. 家长来评点
师：对这样的班级，您满意吗？关于孩子的成长，您有什么话要对老师们说呢？请大家在交流单上写下自己的看法，我们将在一周内回复大家。

交流内容	班主任	老师	班级
我来点赞			
我有想法			
回复			

家长姓名：　　　孩子姓名：

预设：有的对班主任点赞，有的对科任老师点赞，有的会为班级建设点赞，有的会向班主任聊孩子的问题，有的会对科任老师提建议……

过渡：各位家长朋友，感谢您参与交流，我们将在一周内尽快回复您，并用最合适的方式尽早地与您一起共同解决孩子们身上的小问题。

> **设计意图**　通过班级介绍，让家长了解并信任老师与班级，愿意参与到班级建设中来，相信孩子能有一个好的发展。借助交流表，反映并解决孩子成长初期的小问题，开启家校沟通之旅。

第四环节　主动学习，贴心陪伴

师： 各位家长朋友，孩子的成长离不开学校的良好教育，也离不开我们家长的呵护。我们需要主动学习，做智慧的家长，将问题解决在发生之前。

1. 欣赏图片，学会陪伴

师： 先请大家看一张图片（PPT 出示）：公交车上，一位家长在陪着孩子玩手机，一位家长陪伴孩子讲故事。

师： 您怎么看？请大家发表意见。

师： 是啊，这张图中左边的家长在"陪伴"，右边的家长只是"陪着"，而"陪伴"和"陪着"是两个截然不同的概念。家长是原件，孩子是复印件，当复印件出现问题的时候，请在原件上找找原因。它也告诉我们，教育的最好方式不是说教，而是影响！

2. 观看视频，静待花开

再请看一段视频（PPT 出示）：一只鸭妈妈带着一群小鸭爬台阶。

师： 您又怎么看？请大家再次发表意见。

师： 是啊，母鸭带着一群小鸭爬台阶时，它只是在前边带着队，引领着方向，不断地呼唤着，鼓励着。当小鸭子遇到困难，爬不上来时，并没有出手相助，而是耐心地等待着，不停地鼓励着。这启示我们，在孩子成长的道路上，我们要始终陪伴，不断鼓励，保持耐心……

3. 广读书籍，掌握诀窍

师： 各位家长朋友，教育是与孩子一起成长的过程，为了能更好地陪伴孩子走过高中三年，除了要学会陪伴、静待花开外，我们家长还需要主动学习，用更多的成功经验武装自己，在成长的每一个关口等着孩子，关键时候帮扶一把，帮孩子们顺利闯关。

下面推荐《好家长口诀》(PPT 显示),请大家先一起大声诵读,然后抄写保存。

好家长口诀

用心聆听	正确引导	培养自立	一起学习	做好榜样
陪读释压	劳逸结合	提醒锻炼	搞好后勤	养好品行
教会责任	相信孩子	真诚赞美	经常激励	帮订计划
养好习惯	帮提效率	管好情绪	提高逆商	贴近老师
做好帮手	不妨旅行	来点美育	情感顾问	坚强后盾
帮调心态	学会宽容	培养财商	散步聊天	关注细节

过渡:融入班级,孩子身上的适应问题能迎刃而解;加强学习,孩子成长阶段的问题也能及时化解。即便如此,孩子在高中三年也难免出现沉迷手机、男女交往过密等关键性的问题,这就需要我们家长与学校及时沟通,联手解决了。

设计意图:借助图片、视频,直观生动地呈现教育问题,引导家长认识到自我学习的重要性,进而主动参与到学习中来,向身边的高手借力,智慧解决孩子身上的常见问题。

第五环节　智慧参与,携手共进

师:各位家长朋友,当孩子身上出现问题,您一时又无法解决时,请不要惊慌,您可第一时间与我取得联系,我们共同来想办法,争取用最短的时间、最有效的办法解决问题。为了促进家校之间高效合作,我们制定了一份合作协议书。(PPT 显示)

1. 解读家校合作协议

高一（　）班家校合作协议书

甲方：班主任×××　　　　乙方：×××的家长

甲乙双方本着建立良好的家校沟通机制，及时有效地帮助学生解决高中三年成长中遇到的问题的原则，经过友好协商，达成合作共识：作为甲方的班主任，将第一时间为家长提供最有效的服务，作为乙方的家长将从如下方面进行积极配合。

（1）保持教育影响的一致性。虽然今天开会来的可能是爸爸或妈妈，但关心孩子的不能只是一个人，尽可能换着来，回家后，要将会议精神转达给对方。还要与老师保持高度一致，站在家校合作的角度，不当着孩子的面说对学校不满的话。

（2）花点时间陪孩子，尤其是周末。因为爸爸妈妈与孩子在一起的时间与孩子的成功往往成正比。当孩子在家时，多营造些和谐气氛，多与孩子沟通交流，一起散步、聊天。

（3）要相信班主任与科任老师。支持班级工作，需要家长配合的事情，不当着孩子面发牢骚；有意见，第一时间与我联系，不要随意向领导告状，因为最终问题还得由我们解决。

（4）舍得投入。不要给孩子买名牌手机等奢侈品，但在有益于学习的投资上要舍得。在教育环境、教师、教学内容都一样的情况下，比的是家长的教育水平与支持投入程度。

（5）多关注孩子生活细节的变化。有不好表现，请及时与我们联系，以免错过最佳成长期。

（6）多与教师联系。我们有"家长接待日"，可在这天来校面谈，也可参加到班级QQ群交流中来，还可打个电话或发短信。切勿平时不闻不问，没考好再来质问。

　　　　　　　　　　　　甲方：　　　　　　　乙方：
　　　　　　　　　　　　日期：　年　月　日　日期：　年　月　日

2. 双方签订协议

师： 请问大家有无异议？如果有，请现场提出修改建议；如果没有，我们将立马打印，现场签字。

师： 下面请大家签字。

设计意图 用家校合作协议的方式，来达成家校合作的几点共识，显得庄重，也有仪式感。

会议总结

亲爱的家长朋友们，今天我们一起交流了孩子成长方面的问题，了解了高中生身心发展的特点，知道了如何有效解决不同阶段的成长问题。接下来，让我们主动学习，智慧参与，携手共进，帮孩子舞出高中精彩！

会议延展

（1）一周之内，班主任组织完成家校交流单的回复，装入信封，由孩子带回，转给家长。

（2）班主任推荐相关书籍：

◇《陪孩子走过高中三年》，刘晓丽著。

◇《做一名合格的高中生家长》，赵薇编著。

◇《家有孩子上高一》，星昊妈著。

◇《决胜高中学习生活全攻略》，王永新著。

◇《高中三年早知道》，日新主编，谢达编著。

（3）家长写读书学习感悟，班级微信公众号展示。

（4）家长利用QQ群，每周交流教育孩子心得，典型问题由班主任集中解答。

（湖北省武汉市江夏区第一中学　程　璐）

02. 人际关系：
让家庭为孩子的交往保驾护航

背景分析

高中生在人际交往方面存在交往需求较强和能力较弱的矛盾，高中生的"重要他人"由小学、初中时的"老师"，变成了"朋友"或"同学"，其人际交往问题往往发生在同学之间。叠加高考压力逐渐增大的因素，高中生积极健康的人际交往显得尤为重要，如果处理不好，轻则影响高中生的情绪、生活、学习，重则造成严重人际冲突，甚至犯罪。家庭是人际交往的重要课堂，有必要邀请家长参与到高中生的人际交往能力培养中来。为此，特召开本次家长会。

参与对象为全体家长和部分学生志愿者，参与时间是高一上学期11月前后。

会议目标

目标	家长	学生
知识层面	了解孩子人际交往的特点及人际交往的重要性。	了解高中阶段人际交往的基本原则和技巧。

续表

目标	家长	学生
能力层面	培养孩子掌握为人处世的基本准则和应对人际矛盾的策略。	运用策略处理好日常同学关系，能够合理处理矛盾冲突。
态度层面	理性对待孩子的人际关系处境，耐心、科学地给予支持与帮助。	理性对待日常同学关系，以积极的态度处理矛盾冲突。

会议准备

1. 材料准备

（1）会议记录本、家长签到表、黑色签字笔。

（2）交通事故视频合集，有关高中生人际交往的恶性案例新闻。

（3）提前请全班同学在统一规格的纸张上以化名的方式写下自己在人际交往中遇到的困难，并将纸张折成纸飞机。

（4）概括几种类型的人际关系案例，并为每位家长打印一份。

2. 环境准备

前黑板写家长会主题和欢迎语，后黑板写人际交往相关知识。

3. 其他准备

水壶、一次性水杯等。

会议过程

师： 家校合作促成长，齐抓共管赢未来。各位家长，大家好，欢迎各位在百忙之中前来参加本次家长会。

都说人生像一条路，这条路上总会遇到各种各样的同行者，如何与同行者打交道，关乎这一路的心情和安全。所以，先请大家观看一段"在路上"

的视频。（PPT 播放因驾驶员斗气而发生的交通事故视频合集）

师： 交通事故触目惊心，每一起事故看似是两辆车的问题，但其实驾驶车辆的是人，人与人没有把握好行车距离，出现了行车"交集"，车与车就发生了碰撞事故。

如今，孩子们的人生旅途来到了高中阶段。良好的人际关系，可以帮助学生营造良好的学习生活环境，助力学生成长，是将来孩子们的美好回忆和宝贵财富。人际关系如果处理不当，轻则影响心情，干扰学习，重则引起矛盾冲突，引发校园霸凌，严重的可能会引发犯罪行为。（PPT 出示高中生因人际关系问题导致的悲剧的新闻合集）

预设： 家长们对孩子人际交往悲剧很震惊。

过渡语： 那么，你真的了解孩子们这个阶段存在哪些人际交往的困惑和烦恼吗？下面我们来了解一下吧。

设计意图 通过观看交通事故视频引入人际关系话题，为后面的环节设置埋下伏笔；通过观看高中生人际交往悲剧新闻，引起家长对孩子人际交往的高度关注。

第一环节　路况：孩子烦恼谁懂得？

师： 同学们已经把自己在人际交往中的困惑和烦恼写在纸上，折成纸飞机。现在，请学生代表们放飞这些带着困惑和烦恼的纸飞机。（PPT 出示活动：学生代表在教室前后放飞全班同学的纸飞机。）

师： 请家长捡起落在身边的纸飞机，看看孩子们在人际交往中存在着怎样的困惑和烦恼，请你为孩子们解决困惑和烦恼支招。

在此，特别提醒各位家长，孩子们的纸飞机上用的都是化名，也就是说咱家孩子可能是困惑和烦恼中的任何一个角色，可能是烦恼的承受者，也可能是烦恼的制造者。家长发言时，请先为全体家长念出孩子的困惑和烦恼，然后从承受者和制造者两个方面，提出自己的解决办法。

预设：请家长发言，针对孩子们的困惑提出自己的看法，家长的发言可能比较朴素浅显，班主任需要提炼总结。

师：从孩子们的烦恼和困惑当中我们可以概括出高中生人际交往的特点：自卑、孤独、冲动、莽撞、骄狂、依赖、恋爱困惑等。这就是孩子人际交往路上的路况，而家长们也能够给出大致的解决方案。

过渡语：针对高中生人际交往的特点，家庭能够为孩子们做些什么呢？

设计意图　把孩子们的困惑和烦恼摆在家长面前，让家长们更直观、更具体地了解孩子面临的人际关系问题。提醒家长孩子可能是任何一个角色，即提醒家长需要全面考虑问题。请家长提出初步的解决办法，以便引出下一环节，即对家长所提办法进行优化和细化。

第二环节　车况：家庭作用知多少？

师：就像一名司机想要开车上路，首先得到驾校学习并考取驾照一样，孩子的人际交往能力也是从家庭中学习到的。刚才的交通事故视频告诉我们，跑得太快会追尾，随意变道会翻车，不系安全带会被甩飞出去。那么"家庭驾校"教给孩子人际交往的"科目一"是什么呢？（PPT出示方向盘、油门、刹车、车道标线、座椅）

师：方向盘是用来把握方向的，你走哪条路，不走哪条路，都需要做好规划。同样地，人生之路去往哪里，也需要规划，需要把握方向。这时就需要选择同行者。也就是说，家长应该指导孩子和哪些人交往，谨慎和哪些人交往，要建立正确的择友观。（在"方向盘"后面出示：择友。）

师：请家长谈一谈哪类同学可交，哪类同学要慎交。

预设：家长可能会列出可交同学的特点有上进心强、性格开朗、有爱心等，慎交往同学的特点有不求上进、自私自利、心胸狭窄、虚伪等。

师：大家对哪些人可交、哪些人慎交往的认识比较一致，那么你觉得自己的孩子是不是可交之人呢？如何才能让自己的孩子成为同学们的可交之人呢？

预设： 这个问题比较敏感，家长应该会侧重谈如何教育孩子。

师： 方向很重要，方向选择好了，我们就要发车了，首先就是要给油。

油门是用来加油的，部分高中生在人际交往中存在自卑、恐惧等心态，不敢大胆地和同学或老师交流，导致生活中遇到困难不知道求助，学习上遇到困难不敢于求教。日积月累，困难越来越多，严重影响自己的生活和学习。家庭发挥油门作用，就是要鼓励孩子敢于和同学们交往，和老师们交流，敢于直面问题，解决问题，培养自信与主动的品质。（在"油门"后面出示：鼓励。）

师： 还有一部分高中生在人际交往中存在冲动、骄狂、莽撞等特点，面对问题时容易激化矛盾，给同学、老师等交往对象造成伤害，同时也容易伤害自己。这时家庭就应该像刹车一样，起到劝诫的作用，教育孩子三思而后行，以理性的态度面对和解决问题。（在"刹车"后面出示：劝诫。）

师： 驾驶过程中，要各行其道，实线不能跨越，虚线要谨慎跨越。人与人的交往也一样，要有边界感。人际交往中的边界感虽然具有弹性，因人而异，但也要能够识别哪些是实线，不能跨越，哪些是虚线，要谨慎跨越。（在"车道标线"后面出示：边界。）

师： 上车第一件事是调整座椅，把座椅调整到最舒服的状态，座椅的这种舒服感类似于家庭给孩子的归属感。家庭是孩子心灵的归属，是能够给孩子提供心灵能量的地方，让孩子学会爱他人和爱自己。当孩子人际交往受挫时，家庭应该给予孩子温暖和爱，让孩子不至于面对人际挫折时茫然无助，甚至遭遇不测。（在"座椅"后面出示：归属。）

过渡语： 孩子这辆汽车经过了"科目一"的考核，终于可以开动了。在开动之前，我们先来看几个典型案例，这是"家庭驾校"的"科目二"，希望大家能在案例中吸取人际交往的经验和教训，学习人际交往的方法，总结人际交往的技巧。

设计意图 通过驾驶汽车的比喻，让家长更加形象地认识到家庭在孩子人际交往中扮演的角色，避免家长在孩子人际交往的成长上出现缺席现象。

第三环节　交规：遇到困难怎么办？

师： 下面有请学生志愿者给大家发放典型案例，这些案例都是往届学生经历的真实案例。

我们一起来了解第一个案例《被全寝室孤立的小佳》。（PPT 出示）

小佳对个人物品不在乎，大家可以随意使用她的生活用品，她也以为自己可以随意使用别人的物品。某次在未经同意的情况下使用了室友心爱的物品，有的还造成了损坏。室友们很生气，和小佳吵架，小佳到处宣扬室友们的坏话，还骂人。小佳个人卫生堪忧，作息不规律，影响到寝室的环境和休息。全寝室同学对她心生怨言，逐渐不再和她来往，小佳自己也很苦闷。

师： 第一个案例涉及寝室关系，假如你是相关方家长，你该如何教育孩子？

预设： 家长可能会谈到人际交往中的边界感、自尊自爱、和谐相处、宽容等内容。

师： 下面来看第二个案例《在恋爱中纠结的小悦同学》。（PPT 出示）

小悦性格孤僻，没有朋友，小梁仰慕小悦的优异成绩，两人开始恋爱。小悦对男友小梁管束严格，不许小梁和其他女生有交流，动辄叱责侮辱。小梁性格倔强，对小悦有过多次言语甚至肢体伤害。有一次，小悦发现小梁与班里另外一名女生有过于亲密的动作，便用美工刀划破小梁和该女生的面部。

师： 第二个案例涉及高中男女生交往问题，假如你是相关方家长，你该如何教育孩子？

预设： 家长们应该能够谈到人际交往的开放性、相互尊重等内容，以及高中生"早恋"问题的应对。

师： 下面来看第三个案例《小轩的烦心事》。（PPT 出示）

小轩资质平平，靠下笨功夫能考到班级中上的名次。某一次调座位时和一名尖子生坐同桌，原本希望尖子生能够帮助自己提升理科成绩，但在日常相处中，发现尖子生处处比自己优秀，遂心生自卑，产生自我怀疑。尖子生因给小轩讲题费劲而有所不耐烦，这更加强化了小轩的自我怀疑。发展到后来，小轩总以为有人在背后说自己笨，乃至无法正常听课、正常休息，最后不得不休学。

师：第三个案例涉及人际交往中的自我认知的问题，假如你是相关方家长，你该如何教育孩子？

预设：家长可能会谈到悦纳自己、谦和、自信等内容。

师：下面来看第四个案例《数学老师针对我》。（PPT 出示）

高一刚开学，小冰主动申请当数学课代表。但是工作当中，小冰多次犯低级错误，没能准确传达数学老师的意思，加上数学题目出错较多，被数学老师在班里当众批评。小冰去找数学老师道歉，数学老师正打电话，迎面走来，却对小冰视而不见。身边的同学说数学老师看小冰的眼神都不对。小冰跟妈妈哭诉，说数学老师对她有意见，故意针对她。

师：第四个案例涉及师生关系，假如你是相关方家长，你该如何教育孩子？

预设：家长可能会谈到理性沟通、提高抗挫能力、自强、不挑拨是非等内容。

师：下面来看第五个案例《从网上骂战到线下约架》。（PPT 出示）

因疫情在家上网课期间，部分男生和外校男生联网打游戏。打游戏过程中有人使用了偷家、背刺等阴谋手段，这种手段被学生鄙夷地称为"老六"。不同阵营的学生因此在游戏中发生口角，从而引发骂战，进而线下约架。

师：这个案例涉及虚拟世界中的交往问题，假如你是相关方家长，你该如何教育孩子？

预设：家长可能会谈到尊重他人、尊重规则、远离不文明行为等内容。

师：家长们谈了很多，都是非常根本的、非常实用的原则。梳理下来有：尊重、真诚、宽容、合作、理解、悦己、自信、自强、谦和等。

那么，抛开人际交往的技巧不谈，凭你的经验和观察，什么样的学生在人际交往中的麻烦会少些？

预设：家长可能会说性格开朗、独立自主、实力强大的学生会自带光环，会较少遇到人际交往的麻烦。

过渡：家长们谈到的都是人际交往的规则，这就像开车上路要遵守的交通规则。开车上路要遵守交规，驾驶陋习要不得。同样，在孩子人际交往方面，作为家长，你有没有对孩子说过下面这些话？我们继续来看。

设计意图　通过不同类型人际交往的案例，梳理总结高中生交往过程中需要注意的事项。

第四环节　陋习：哪些现象要不得？

（1）你只管好好学习，别人怎么样咱管不着。

（2）和同学们搞好关系，不要闹矛盾。

（3）人家为什么只说你，不说别人呢？

预设：不少家长都对孩子说过类似的话。

师：你有没有想过，这些话给孩子传递的是什么样的信息？

第一句话，回避交往。

第二句话，回避矛盾。

第三句话，逃避解决。

> **设计意图**
>
> 在集体中生活，人际交往是不可避免的，以生活中常见的话语引发家长对孩子人际交往教育的反思，使家长在孩子遇到人际关系困难时，不回避、不逃避。

会议总结

这次家长会我们了解了高中阶段孩子人际交往中存在的问题有自卑、孤独、冲动、莽撞、骄狂、依赖、恋爱困惑等。

家庭在孩子人际交往方面的作用是：把握方向、积极鼓励、适时劝诫、明确边界、提供归属等。

孩子在人际交往中要注意的原则有尊重、真诚、宽容、合作、理解、悦己、自信、自强、谦和等。

就像考驾照的"科目三"，学员开车上路了，旁边还要坐一位教练进行指导。孩子了解了人际交往的技巧，并不代表就能立即熟练使用这些技巧，家长应该像教练一样坐在旁边，适当的时候帮忙扶一下方向盘，踩一下刹车，提醒一下路况，给几句鼓励，这样孩子才能驾驶人生的跑车，在人生的高速公路上安全畅快地行驶。

最后，请各位家长每人为全班同学写一句关于人际交往的指导语，会后汇总并张贴到教室墙壁上，用以指导同学们的人际交往。

会议延展

会后，请家长和孩子交流他的人际交往情况，探讨人际交往的原则和技巧，并对孩子的人际交往情况做出点评，提出建议。

（河南省济源第一中学　赵春晓）

03. 高中学法：
学"法"无涯"巧"作舟

背景分析

自 2020 年开始，国家全面实行新高考改革，意在选拔出拥有扎实学科知识、良好思维品质、正确批判意识和有效实践能力的综合人才。这对高中生的学习能力、学习自律性提出了更高的要求。经过高一整整一个学期的学习，很多同学在学习上出现了"陡坡效应"。面对孩子们的状态，很多家长感到焦虑、困惑和无助，此时需要组织一次家长会，为孩子们提供一些高中学习方法，帮助孩子渡过难关，从而缓解家长们的焦虑。

本次家长会召开的时间是高一上学期期末考试前夕，参会人员是高一家长和学生。

会议目标

目标	家长	学生
知识层面	了解高中学习的具体要求，明白考试的具体意义。	理解学习方法和学习效率的重要性。
能力层面	掌握对孩子学法指导的策略，能在孩子学习上需要帮助的时候给予一定的帮助。	能运用各科学习技巧和方法，能够在每次考试中有所收获。

续表

目标	家长	学生
态度层面	认同孩子学习的艰辛，接受孩子考试成绩的波动，相信孩子的成长比成绩更重要。	学习更加主动、积极和自信，相信方法总是比困难多。

会议准备

1. 材料准备

《高中各科学习指南》，"学'法'无涯'巧'作舟"主题家长会反馈表，会议记录本，黑色签字笔。

2. 环境准备

在黑板上书写欢迎辞，按照圆桌调整座位，讲台摆放鲜花等。

3. 其他准备

学生主持人（主持人1负责开场、环节内的衔接与串词，主持人2负责开场、环节间的过渡与总结）的选拔，学生和其对应的家长随机分成A、B、C三个讨论组，以及水果刀、果盘、茶水、火龙果和其他水果的准备。

会议过程

主持人1： 尊敬的老师，敬爱的爸爸妈妈，亲爱的同学们，大家好！欢迎来到我们高一×班"学'法'无涯'巧'作舟"主题家长会的会场。

主持人2： 时间转瞬即逝，仿佛我们昨天才刚刚踏进高中校门，此时，我们已临近高中的第一个期末了。

主持人1： 通过一个学期的学习，大部分同学都成长得很快，学习兴趣越来越浓，成绩突飞猛进。但是还有部分同学在某些学科的学习上比较吃力。这些孩子的家长看到自己孩子的成绩后，开始变得焦虑，并将焦虑无意之中带给了孩子，导致这些孩子也变得很急躁，越想考好越在考试的时候出现低级错误。

主持人 2： 今天我们相聚一堂，目的就是让家长了解巧学知识之法。同时，正确看待学习过程，缓解内心的焦虑，清楚如何更好地配合老师，并鼓励孩子找到适合自己的学习方法。家长会前班干部在桌子上给大家准备了丰富的水果，但是火龙果还未切，我们就由志愿者 A 同学为大家服务一下。

第一环节　切火龙果，巧学知识之法

主持人 1： 请大家观察切火龙果的过程。

活动观察 1： A 同学会像切西瓜一样切好第一个火龙果，去掉果皮后放入果盘。

体验分享 1： 虽然 A 同学切火龙果速度比较慢，切得大小不均匀，放入果盘后美观度一般，但 A 同学凭着自己以往切西瓜的经验，基本完成了切火龙果的任务。这就是我们在学习中非常重要的一个环节——预习，用我们的已学知识去学习探究新知识的过程。

活动观察 2： A 同学的家长指导 A 同学切第二个火龙果，告知切火龙果的操作步骤。A 同学按照家长提供的操作步骤，再次单独完成切火龙果。（PPT 出示切火龙果的操作步骤）

首先，将火龙果对半切开；

其次，拿其中一半，在中间分别均匀地横竖划 3～4 刀（火龙果的大小决定划多少刀）；

再次，沿着果皮边缘，在内部用刀划一圈，保证果肉与果皮分离；

最后，将切出来的果肉倒入果盘。

体验分享 2： 通过家长的指导和帮助，A 同学清楚了如何美观、快速地

切好一个火龙果。这也是我们学习中非常重要的一个环节——老师的课堂指导。在预习的基础上，有了老师课堂的指导，我们可以更好地把握知识的本质，明确解决问题的方法。

活动观察3： A同学继续切火龙果，经过多次尝试，A同学每一次横竖划果肉的时候，都保证了刀要接触到果皮，但又不能将皮切破，不仅切出来的果肉美观，而且留在果皮上的果肉很少，减少了浪费。

体验分享3： 有了A同学的探索，我们又明确了学习中一个非常重要的环节——课后探索，这个环节可以帮助我们灵活地运用课堂知识，提升学习能力，提高学习效率。

预设： 活动观察均为学生代表或者家长代表的现场观察，体验分享均由主持人1进行归纳总结。

过渡： A同学不仅给大家分享了美味的火龙果，更让大家意识到巧学知识的最好方法就是把课前预习、课堂学习、课后探索的每一个环节做好。而要落实到具体学科的学习中，帮助大家提升成绩，这就需要大家走进第二环节——"学习指南，巧答家长之问"。

> **设计意图**　通过切火龙果的三次观察与体验，让家长和孩子们意识到巧学知识的最好方法就是把课前预习、课堂学习、课后探索的每一个环节做好，为接下来的学习做铺垫。

第二环节　学习指南，巧答家长之问

主持人1： 各位家长和同学先阅读桌子上由各科老师精心为大家整理的《高中各科学习指南》，如果有疑问，可以向在现场的各科老师直接提问。

《高中各科学习指南》内容参考

语文：

1. 重视积累。

注重课本知识的学习，按期完成老师布置的以下任务：

（1）古诗文的理解背诵；

（2）文言实词、虚词和文言句式的理解记忆；

（3）1200个成语的理解记忆。

2. 注重阅读。

课后阅读具体要求为：

（1）每学期必读5本中外名著；

（2）每天阅读时间不少于30分钟，阅读量不少于15页；

（3）阅读过程中必须注重理解（分析比较后的归纳概括），随时进行圈点勾画和批注。

3. 思维训练。

思维训练具体要求为：

（1）阅读时注重文本的思路发展，养成边读边梳理的习惯；

（2）阅读时必须时时联系前后文，关注作者的思维动向；

（3）听课、阅读时多问为什么，多逆向思维；

（4）阅读时结合文本思考，将问题与题干相关信息进行对比，进而找出问题与相关信息的内在联系。

数学：

1. 预习规范，功在课前。

（1）阅读教材；

（2）推演教材中的相关公式、定理和概念；

（3）通过课后习题检测预习效果；

（4）标注未明白的地方。

2. 上课规范，效在课中。

（1）用眼观察老师得出的结论；

（2）用耳听到大家不同的观点；

（3）动脑思考每个步骤的核心；

（4）动手检验自己的想法；

（5）动口发表自己的观点。

3. 整理规范，思在课余。

通过独立思考，弄懂遇到的每一个知识点和方法，让每一个卡住的知识点和方法都成为成绩进步的阶梯。

英语：

1. 学会整理。

充分把握好空余时间，背单词、短语、句式和看错题，并及时有效地进行复习。

2. 重视积累和内化。

新词积累每天 8～10 个，句子 3～5 个。

3. 英文书写小贴士。

下笔要准（定好位置）；

运笔要稳（认真书写）；

收笔要忍（别太心急）；

字母大小一致，倾斜方向一致；

标点向左靠拢，单词沿线书写；

刻意雕琢精品，极力征服老师。

理化生：

理化生三科的学习，主要以数学为基础，但又有别于数学。它们的学习需要建立在实验的基础上，同时也需要一定的记忆。

1. 预习。

通读教材划重点，重疑难点要牢记。

2. 上课。

带着目标去听课，善思多疑多请教，学习任务不能拖，当堂问题当堂毕，笔记在精不在多。

3. 课后。

知识巩固要及时，题型方法多整理，知识结构要建立，错题整理变秘籍。

4. 作业。

固所学，查遗漏，练规范，练计算。

5. 笔记本。

一记知识结构，二记重点、难点和疑点，三记典型例题和方法，四记知识拓展，五记易错题。

政史地：

政史地三科的学习，需要在认识事物和理解知识的基础上加强记忆，对思维品质和语言组织要求极高。

1. 预习。

阅读教材的时候要做到"画""查""思""问"四个方面。

2. 听课。

课堂上要做到"四到"：眼到、耳到、心到、口到。

3. 反思、积累。

当日错当日改，积累本要常翻、常看，重视错题、典型题的积累。

4. 作业。

定时，定量，闭卷，按照考试答题规范完成作业。

（PPT 出示《高中各科学习指南》要点。）

语文：重视教材，注重积累，阅读理解，思维训练。

数学：预习规范，功在课前；上课规范，效在课中；整理规范，思在课余。

英语：学会整理，重视积累和内化，牢记英文书写小贴士。

理化生：预习、上课、课后、作业、笔记本。

政史地：预习、听课、反思、积累、作业。

预设： 孩子字体不好，是否有必要购买字帖进行练习？数学错题本的整理有什么要求？英语口语表达对英语成绩的提升有哪些帮助？物理实验是否需要都会做？化学知识点繁琐，方程式繁多，有没有科学有效的记忆方法？生物学科的实验，需要怎样做才能更好地掌握？政史地的学习，是否把知识点记住了就可以考出好成绩？数理化的成绩不稳定，该如何改进？

过渡： 在各位老师的耐心解答下，我们明白了如何灵巧地去掌握各科的知识与学习方法，如何培养良好的学科兴趣和习惯。其实每个同学每天都是按照老师的要求来完成任务的，但学习效果差别却很大，原因在哪？

设计意图　通过对《高中各科学习指南》的学习，各科老师对学科学习技巧的答疑解惑，让家长和孩子清楚如何养成各科良好的学习习惯，更好地掌握各科学习方法。

第三环节　情景辨析，巧思效率之重

情景一： B同学平时重视课前、课中、课后所有环节，很努力，很认真，但是期中考试考得很一般，感觉考试结果对不起他平时的努力付出。他一直在思考原因出在哪。

情景二： 期中考试后，C同学正在篮球场打篮球，明显看得出他脸上洋溢的微笑，这次考试肯定又发挥得很好。C同学平时特别喜欢参加体育锻炼，中午定时午休，晚上也不熬夜，成绩却一直很优秀。

主持人2： 大家能谈谈导致B、C同学成绩差异的原因吗？现在有请D同学来回答这个问题。

D同学： B同学和C同学都是我们班的榜样，在学习成绩这个角度，C同学能够学得这么轻松且成绩又好，主要在于他在各个环节的学习中效率比较高，上课积极回答老师提出的问题，我们有不懂的问题请教他，他都会主动给我们讲解。

主持人2： D同学告知我们一定要提高学习效率。现在我们来听班主任

详细介绍高效学习需要重视哪些环节。

师： 戴尔先生通过研究认为，学习者单纯的听讲和阅读所带来的"知识留存率"，分别只有 5% 和 10%。通过"做"和"行动"所习得并加以内化的知识，要比通过"听、读、看"稳固得多。学习内容留存率最高的活动是主动把所学内容讲给他人听，高达 90%。所以希望同学们通过讨论、探索、表达等主动的学习方式来提高学习效率，根据不同学科、不同章节巧思如何综合运用多种学习方式将学习效率最大化。（PPT 出示戴尔"学习金字塔"）

学习方式	知识平均留存率
单纯听讲	5%
独立阅读	10%
视与听结合	20%
有演示的听	30%
积极参与讨论	50%
探索与实践	75%
学后讲授给他人听	90%
预习 + 讲授 + 复习	99%

预设： 关于戴尔"学习金字塔"的内容可以提前在家长群里发布，让家长提前学习，这样老师在分享的时候，家长才能更好地理解。

过渡： 通过对戴尔"学习金字塔"的学习，我们弄清楚了如何提高效率，相信只要找到适合的学习方法并坚持下去，我们的成绩一定会提升。但是在短时间内可能由于一些客观原因，不能取得好成绩，这就需要我们正确认识考试的意义，化焦虑为行动，借助考试走得更远。

设计意图： 通过情景辨析，让家长和学生清楚效率是提高学习成绩的重要因素，并根据不同学科、不同章节巧思如何综合运用多种学习方式使学习效率最大化。

第四环节　圆桌会议，巧悟考试之得

主持人 1： 现在我们进入第四环节，圆桌讨论考试带给我们什么收获。A、B、C 三个组将分别领取到一个话题，讨论完后三个组分别派一位家长代表和一位学生代表对他们的讨论结果进行展示。现在我们看 PPT，各个组领取自己的任务。10 分钟后，我们邀请各组代表对讨论结果进行展示。

（PPT 出示圆桌会议各组讨论话题。）

A 组话题：通过考前复习，我们可以有什么收获？
B 组话题：在考试过程中，我们可以有什么收获？
C 组话题：考试后，我们可以有什么收获？

代表们的讨论结果参考如下：

A 组学生代表： 考前复习，可以帮助我们更好地查漏补缺，从而为取得优异的成绩做好铺垫。

A 组家长代表： 考前复习，可以让孩子们更好地进行自我规划，从而养成良好的学习习惯。

B 组学生代表： 考试过程中，我们会更专注地研究问题，用所学知识来解决试题中的问题，并学会规范答题。

B 组家长代表： 考试过程中，可以让孩子更好控制自己的情绪和心态，能够帮助孩子提高抗压能力。

C 组学生代表： 考试后，最大的收获就是获得了较为满意的分数，但同时也发现了知识漏洞、不规范的答题形式，以及不够清晰的解题思路。

C 组家长代表： 考试后，孩子们可以认识到自己存在的不足，并能制订计划去改变，我觉得这是考试最大的收获。

主持人 1： 通过各组的讨论与展示，我们清楚地知道了考试的真正含义。希望家长们从今以后将焦虑转化为行动，督促孩子们进行反思和行动。期待在即将到来的期末考试中，大家都收获满满。

预设： 关于思考考试前、中、后的收获，老师可以在家长会开始之前布置给家长和孩子。

过渡： 我们从切火龙果出发了解到巧学知识的最好方法就是把握好课前、课中、课后的三个环节；在各科老师的耐心指导下我们了解到各科学习的具体技巧；在情景辨析中我们清楚了效率是提高学习成绩的重要因素，要根据不同学科、不同章节巧思如何综合运用多种学习方式使学习效率最大化；最后我们通过圆桌会议巧悟出如何从考前、考中、考后三个环节中有所收获。现需要各位家长和自己孩子一起完成放在桌子上的本次家长会的反馈表。最后有请我们的班主任做本次"学'法'无涯'巧'作舟"主题家长会的总结。

设计意图： 通过圆桌会议的形式对考试意义进行讨论，让家长和学生领悟到考前、考中、考后三个阶段意义非凡，家长鼓励孩子借助考试取得更大收获。

会议总结

师：（PPT出示"学'法'无涯'巧'作舟"主题家长会反馈表）请各位家长和自己孩子一起针对孩子的学习情况做出对应的选择，在家长会前做到位的环节请画"√"，在家长会后能够去落实的环节请画"○"，在家长会后不能去落实的环节请画"×"。

主要学习环节		语文	数学	英语	物理	化学	生物	政治	历史	地理
巧学知识之法	课前预习									
	课堂学习									
	课后探索									

续表

主要学习环节		语文	数学	英语	物理	化学	生物	政治	历史	地理
巧思效率之重	听讲									
	阅读									
	视听									
	讨论									
	实践									
	讲授									
巧悟考试之得	考前									
	考中									
	考后									

师： 在参与本次"学'法'无涯'巧'作舟"主题家长会的过程中，我们清楚地认识到巧学知识之法就是孩子要把握好学习的每一个环节，培养起独立思考的习惯，用行动提高学习效率，领悟到自己每次考试的收获。我坚信，在家长的鼓励和支持下，在我们老师的耐心指导之下，在自己的刻苦努力之下，孩子们必将养成良好的学习习惯，获得适合自己的学习方法和技巧。最后，希望孩子们在学习之路上铭记"书山有路勤为径，学'法'无涯'巧'作舟"。

主持人2： 欢快的时间总是短暂的，通过今天的主题家长会，我们明确了高中学法的关键窍门，为了更好地让同学们进行落实和坚持，请家长和孩子们做好会议延展的三个任务。

会议延展

（1）在家长的指导下，每个孩子在期末考试后认真做好收获分析，并将"期末收获"分享到班级QQ群。

（2）在家长的关注下，每个孩子在寒假期间，对下学期各科第一章的内容进行预习。

（3）家长们在寒假期间，以"家长如何助力孩子的高中学习"为题，给班主任写一封信。

(重庆市育才中学校　李祖明)

04. 选课走班：
"选"定乾坤，"课"画未来

背景分析

2014年上海和浙江率先推行新高考3+3模式，2017年京、津、鲁、琼也加入了3+3模式，自2018年开始先后分三批共计23个省市加入新高考3+1+2模式，新高考改革全面铺开。随着新高考的推进，选课走班成为高中家长和孩子的第一道难度颇高的选择题。因为很多家长和孩子对"什么是新高考，新在哪些方面，如何科学选课，走班怎么走"等问题感到迷茫和焦虑，因此，在高一上学期开一场有关新高考背景下选课走班的家长会非常有必要。

本次家长会参与对象是高一家长和学生，会议时间是高一上学期12月份。

会议目标

目标	家长	学生
知识层面	让家长了解选课走班的相关知识。	让孩子了解新高考的变化以及选课走班的知识。
能力层面	提升家长在新高考背景下帮助孩子科学选课的能力。	在父母的帮助下，选择最适合自己的课，走好自己的新高考之路。

续表

目标	家长	学生
态度层面	高度重视新高考背景下的选课走班，当好孩子的"参谋"。	高度重视新高考背景下的选课走班，以认真负责的态度对待自己高中学习的第一次重大选择。

▎会议准备▎

1. 问卷调查

各位家长，我们都高度关注新高考背景下的选课走班，如何帮助孩子在进入高中后的第一道大考选择题中做出正确的选择，离不开您的参与。在这个过程中，您可能感到迷茫、焦虑甚至无助。请别担心，今天我们邀请您填写这份调查问卷，就是为了能够有效帮助您，如果涉及隐私我们一定帮您保密，请您放心，根据自身情况如实填写即可，谢谢！

1. 您对新高考了解多少？

    A. 很了解　B. 基本了解　C. 了解一点　D. 完全不了解

2. 您有没有提前了解过新高考的相关政策呢？如果有，了解了多少？

    A. 有，了解了很多　　B. 有，了解了一部分

    C. 有，但是了解很少　D. 没有

3. 您对孩子的与众不同的优点/特质清楚吗？

    A. 很清楚　B. 基本清楚　C. 一点也不清楚　D. 不确定

4. 您认为对自己的孩子有必要进行职业生涯规划吗？如果有，您对自己的孩子的职业生涯规划有明确的思路吗？

    A. 有，很明确　B. 有，比较明确　C. 有，基本不明确　D. 没有

5. 您有提前了解过新高考的选课走班吗？如果有，了解了多少？

    A. 有，了解了很多　　B. 有，了解了一部分

    C. 有，但是了解很少　D. 没有

6. 作为家长，您在孩子选课过程中对什么感到最困扰？

2. 材料准备

制作课件，下载图片、音乐、视频等。

3. 环境准备

黑板上写上欢迎辞和家长会主题，打扫卫生，摆放桌椅（采用亲子并排坐的方式）。

4. 其他准备

班主任提前做好问卷调查，并收集数据。班主任提前邀请本校学生指导中心负责新高考背景下选课走班解读的 A 老师负责解读选课走班，邀请学生指导中心的 B 老师分享选课走班必须考虑的要素和容易出现的误区。阅读《关键在于你是否在用优势做事》《新高考选科相关政策解读》《清华大学2023年强基计划招生简章》《2024年北京大学强基计划校测考试科目有哪些？》等资料。

会议过程

师：尊敬的家长们，亲爱的同学们，今天我们相聚一起，为了一个共同的目标：我们将与家长一起，帮助孩子认清自我学科发展状态，在选课走班中，做出合适的选择。希望今天的家长会能够解答大家心中疑问，让我们一起走进"'选'定乾坤，'课'画未来"主题家长会。

第一环节　你眼中的选课走班

1. 家长眼中的选课走班

师：首先请家长朋友们发表一下您对新高考背景下选课走班的看法。

预设：家长畅谈对选课走班的认识，有的说对新高考背景下选课走班并不了解，目前很多都是道听途说；有的说了解一部分，但是对新高考背景下选课走班还不是很清楚；有的说比较了解，因为专门去网络上查询了很多相关信息。

2. 学生眼中的选课走班

师：谢谢大家的踊跃发言，接下来请孩子们谈谈自己眼中的选课走班。

预设：学生积极发言，有的说通过已经毕业的学长学姐了解了一部分；有的说通过旁听学校给高三学长学姐们开的讲座了解到了不少；有的说自己一点都不了解，没有了解的渠道。

过渡：关于选课走班，我听到了部分家长和学生的心声，结合前期的调查问卷，我了解到其实还有很多家长和孩子不太了解选课走班的内涵，接下来我将带领大家全面了解选课走班。

设计意图 通过家长和学生的回答掌握他们对新高考的了解程度，以及对选课走班的认知程度，使得接下来的选课走班政策解读更有针对性。

第二环节　选课走班全解读

1. 全面解读选课走班

师：针对新高考背景下选课走班的解读，我邀请了本校教学指导中心负责这个领域的 A 老师，掌声欢迎！

A 师：感谢周老师的邀请！接下来我将为大家全面解读选课走班。自 2014 年开始在上海和浙江推行新高考 3+3 模式，2017 年京、津、鲁、琼也加入了 3+3 模式，然后从 2018 年开始先后分三批共计 23 个省市加入新高考 3+1+2 模式。因为我们重庆和后面加入的省份都是 3+1+2 模式，所以接下来我要介绍的选课走班是匹配 3+1+2 模式的。

A 师：新高考改革新在哪里？首先是学习科目的变化，取消了文理分科，学生自主选择。

（PPT 出示：3+1+2 中的 3 表示语文、数学、英语必学，1 表示物理、历史 2 选 1，2 表示政治、地理、化学、生物 4 选 2。）

A 师： 其次是考试制度的变化，包含以下几个方面（PPT 出示）：完善学业水平考试制度，完善综合素质评价，全国统一高考，取消高考考试大纲，颁布《中国高考评价体系》，改变高考成绩的呈现方式。

A 师： 最后是录取制度的变化，包含以下几个方面（PPT 出示）："两依据，一参考"、综合评价和多元录取。

A 师： 大家弄清楚了新高考的变化，那么接下来我再重点介绍选课走班，实际上选课走班重点是选课，至于走班更多的是由学校的师资、生源、教室等资源决定的。首先我介绍一下选课科目的特点（PPT 出示）：需要选课的 6 个科目的核心素养和能力要求，整体难度和成绩稳定性的特点。

A 师： 其次我要介绍的是新高考 12 种组合对应的专业。（PPT 出示新高考 12 种组合对应的专业）

A 师： 接下来我要介绍的是选课原理，包含以下五个方面。（PPT 出示）

（1）选课的常见形式［测评式、包办式、放羊式、排除式和平衡式（平衡各个方面）］。

（2）确定选课方向（高校选课要求、看准发展趋势、兼顾兴趣特长、结合家庭资源和结合未来规划）。

（3）选课常见的五个步骤（高校要求、确定主导、差科排除、学科难易和学科关联）。

（4）兴趣类型对应的职业领域。

（5）性格特质对应的兴趣类型。

A 师： 最后我介绍一下高考专业对选课的要求和走班模式（PPT 出示）：教育部新的选科要求和重庆市教育考试院最新发布的《2024 年拟在渝招生普通高校招生专业（类）选考科目要求》；我市走班教学主要采取三种模式，分别是"不走班""小走班""大走班"。

2. 答家长和学生问

师：非常感谢 A 老师非常专业的分享，接下来进入解答家长疑问的环节，欢迎大家踊跃向 A 老师提问！

预设：家长可能会问到如何对孩子进行选课生涯指导，学生询问自己该如何着手准备选课。A 老师可能会建议家长从以下几个方面对孩子进行选课生涯指导：充分认识到家庭教育对于孩子的影响；要加强与班主任的联系；经常营造良好的家庭氛围；了解高中学习特点，与孩子一起成长；对孩子的期望保持理性态度；协助孩子做好生涯规划测试。A 师可能会建议同学们首先要成为学习的主人，个性特长得以发展，以便真正认识自己，了解自己的特长；其次是充分理解所有文件精神，正确认识、理解新高考，主动适应新高考；最后是新高考注重积累，要提高自主学习能力，养成良好学习习惯，要学会学习，并善于学习，学会管理自己，和老师多沟通，信任、理解老师，支持学校的工作。

过渡：非常感谢 A 老师的精彩回答！各位家长和孩子们现在弄清楚了新高考背景下选课走班的内涵，这只是知彼，而要做出明智而又适合自己的选择，还需要知己，知己知彼方能做出最佳选择。接下来我们将通过一系列活动帮助学生更好地认识自己和发现自己的优势，以便大家更好地选课。

设计意图：通过全面解读新高考背景下的选课走班和解答疑问，使家长和孩子明确选课走班的内涵。

第三环节　知己知彼方会选

1. 知己明选择——让孩子认识自我

师：印度有句谚语："认识自己，你就能认识整个世界。"同样，孩子们只有认识自我，才会懂得选择。如何认识自我？认识自我的作用何在？接下来我会通过活动来帮助大家弄清楚这两个问题。

师：请大家思考以下问题，并说说自己心中的答案。（PPT 出示体验活

动——大家说优点）

你的孩子/你自己有哪些与众不同的特质？你的孩子/你的每个特质在生活中有什么样的体现？你的孩子/你的每个特质都发生在什么样的情境下？当时发生了什么故事？这个优点是如何发挥作用的？这些优点在未来还可以在什么样的情况下运用？当下有没有可以用到你的孩子/你的优点的地方？

预设：家长可能会说自己孩子的与众不同的特质，并回答相关问题，孩子也会说一些自己与众不同的特质，回答相关问题。

师：谢谢大家的回答！家长们、孩子们，要正视自己，每一个人都是独一无二的，认识自我才能更好地发展自我。认识自我是一个不断探寻、发展的过程，每个人都在不断重新定义自我。在新高考背景下，只有充分地认识自我，才能挑选出最适合自己的课程。

2. 知己明优势——让孩子发现优势

师：大家对优势有一个普遍的定义——"你所擅长的一件事"。其实这是个错误的认识，优势应该是指那些让你感到自己很强大的事。而发现这些优势的人就是你自己，你不需要量表评估甚至心理学家来告诉你都有哪些优势。优势的四大标志，可以用首字母缩写 SIGN 表示。（PPT 出示）

S（成功）——在做的过程中，你会感到很充实、很高效。
I（直觉）——在做之前，你对此事已充满了期待。
G（成长）——在做的过程中，你的求知欲很强，非常专注。
N（需求）——做完之后，你会感觉很有成就感和真实感。

师：在大家明确优势的四大标志之后，接下来请家长和孩子们一起完成 PPT 上的内容。（PPT 出示）

在你目前的人生中，你自己认可的高峰时刻，发生了什么事？你是怎么做到的？

我是一个_____的高手。

我要在_____方面展现_____的特质。

预设： 有家长可能会写：我是一个写作的高手，我要在科研方面展现我独树一帜的特质。可能有学生会写：我是一个编程的高手，我要在计算机软件方面展现不断创新的特质。

师： 大家完成得都很好！为了使大家进一步发现自己的优势并为选课服务，请大家进一步思考并回答以下问题。（PPT 出示）

你有什么优势？它们曾经在什么时候发挥过作用？是如何发挥作用的？你有什么资源？这些资源是否在你成长中发挥过作用？你未来打算如何利用这些资源？你还希望拥有什么资源？如何获得？

预设： 家长非常认真地参与到这些问题的思考和回答中，教室里时不时会响起家长们热烈的掌声；学生积极参与其中，开心又激动。

过渡： 通过以上活动，孩子基本上对自己有了较为清晰的认知，在知己知彼的基础上，我们最后再了解一下选课必须考虑的要素和误区，以便我们可以最后"选定乾坤"。

○ **设计意图** 通过一系列活动让家长更了解自己的孩子，让孩子更好地认识自我和发现自己的优势，以便在选课中做出更好的选择。

第四环节　慎重选择定乾坤

1. 选课必须考虑的要素

师： 针对选课必须考虑的要素和误区，我特别邀请了本校教学指导中心专门负责这个方面的 B 老师为大家做专业讲解，掌声欢迎！

B 师： 感谢周老师的邀请！首先我介绍一下选课要考虑的要素，有以下四个方面（PPT 出示）：

学科基础（含分数、排名和知识掌握程度）、提升空间（判断依据：学科潜力、学科能力和学习习惯）、兴趣倾向（借助霍兰德职业测试和 MBTI 职业性格测试）、大学要求（专业关于科目选择的要求）。

B 师： 如果目标是双一流高校强基计划的同学特别注意：2023 年共有 39 所双一流名校参与强基计划招生，最好在正式选课之前提前了解强基目标校的考试科目，尽量让选课与目标校的强基考试科目保持一致。举例来说，如果想报清华强基，据《清华大学 2023 年强基计划招生简章》显示，学业水平考核以笔试方式进行，理科类专业测试科目包含数学、物理、化学等科目，文科类专业测试科目包含数学、语文、历史等科目。也就是说，选了物理的学生，如果没选化学，则注定与清华强基无缘。而如果想报北大强基，据《北京大学 2023 年强基计划招生简章》显示，其中学科基础素养测试科目不分文理，笔试科目一律为语文＋数学。对其他名校感兴趣的同学，最好关注这些名校的官方公众号或者校园官网，提前了解强基计划招生简章和校考科目。

2. 选课误区知多少

B 师： 刚刚介绍了选课必须考虑的要素，接下来和大家分享一下选课的误区有哪些。基于之前的经验教训，我将主要误区界定为以下九种（PPT 出示）：

1. 靠感觉感性选择；
2. 选文理矛盾学科；
3. 仅凭兴趣爱好选择；

4. 片面追求专业覆盖率；

5. 哪科分高选哪科；

6. 不明所以参考"重要"数据；

7. 跟风式胡乱选择；

8. 过分钻"赋分"空子；

9. "田忌赛马"鬼迷心窍。

B师： 选课要素和误区我都已经介绍完毕，我想听听大家的感受和想法。

师： 非常感谢B老师精彩而又专业的分享！请家长和孩子们基于选课要素和误区回家后再进一步思考，确定最适合自己的选课组合。

预设： 家长听完介绍，很认同其中的一些观点，并进行热烈的讨论；学生听完介绍后，反馈选课思路比之前更清晰了。

设计意图： 通过掌握选课必须考虑的要素和误区，提高家长和孩子的选择能力，以便达到科学选课的目的。

会议总结

亲爱的家长朋友们，今天我们一起交流了新高考背景下的选课走班，以及如何帮助孩子提高认识自我和发现自我优势的能力，在知己知彼的基础上进一步学习了选课必须考虑的要素和误区。接下来，让我们主动学习，携手共进，为孩子的选课走班保驾护航！

会议延展

（1）一周之内，请家长完成《2024年拟在渝招生普通高校招生专业（类）选考科目要求》的阅读；

（2）与孩子进一步总结其优势，再结合家长会选课指导建议，帮助孩子确定更适合自己的选课组合。

（3）利用假期让孩子对感兴趣的职业进行了解或体验，增强实践体验感，确定初步的职业生涯规划意向。

（重庆市巴蜀科学城中学校　周子淇）

05. 生涯规划：
让孩子遇见更好的自己

背景分析

新高考改革的重要精神之一就是实施选择性教育，让学生有更大的学科选择权、考试选择权、课程选择权、学校选择权与专业选择权。选择是挑战，也是机遇。

2019年6月国务院印发了《关于新时代推进普通高中育人方式改革的指导意见》，指出普通高中要加强学生发展指导。有的省份较早颁布了生涯规划指导意见，并将生涯规划指导列入课表。

高中生开始了解生涯规划知识，而绝大多数家长在其学生时代并未接受过生涯规划教育，以至于学校、孩子、家长对生涯规划的认识很难达成一致。因此，唤醒家长帮助孩子规划生涯的意识，培养家长帮助孩子规划生涯的技能，势在必行。

本次家长会参与对象是本班全体家长和教师，会议时间是高一下学期2月末。

会议目标

目标	家长	学生
知识层面	了解生涯规划的基本知识。	了解生涯规划的基本知识。
能力层面	掌握生涯规划的基本方法,能与孩子对话生涯规划。	掌握生涯规划的基本方法,通过与家长、老师以及同学对话开展生涯探索。
态度层面	高度重视生涯规划知识的学习,意识到不断与孩子对话、唤醒孩子生涯规划意识的重要性。	积极主动规划生涯,并按计划实施。

会议准备

1. 问卷调查

家长朋友们,高中是孩子一生发展的关键期,您对孩子的高中学业规划、未来升学及职业规划是不是有些许期待、些许迷茫?高中生活已过一学期,或许,您的孩子已经选科,接下来,更好地帮助孩子探索学业、专业与职业,是高中家长的重要职责。为此,我们要进行一次问卷调查,请您如实填写。本问卷仅供老师了解家长情况使用,不会外泄。

1. 您对自己的职业满意吗?
   A. 非常满意   B. 满意   C. 较满意   D. 不满意   E. 厌倦

2. 您清楚自己希望孩子将来从事什么职业吗?
   A. 清楚   B. 不清楚   C. 探索中

3. 您清楚孩子希望自己将来从事什么职业吗?
   A. 清楚   B. 不清楚   C. 探索中

4. 孩子考上名校一定能找到自己喜欢的职业吗?
   A. 能   B. 不能   C. 不一定

5. 如果孩子成绩不理想,还有必要规划生涯吗?
   A. 有必要   B. 没必要   C. 不清楚

6. 您对行业、大学、专业、职业了解多少？

    A. 很多   B. 很少   C. 不了解

7. 孩子目前的大型考试分数排名能进哪个层次的学校？

    A. 双一流高校   B. 普通高校   C. 高职高专

8. 您在帮助孩子学业和生涯规划方面有哪些困难？希望得到老师的哪些支持？

2. 材料准备

按参会人数制作打印生涯规划书、生涯规划中的父母角色等表格。

3. 环境准备

生涯规划知识展板，桌椅自然摆放。

4. 其他准备

安排班级创意委员会制作统一的家长邀请函。

会议过程

师：尊敬的各位家长，大家下午好！高中是人生中的关键阶段，这三年基本奠定人生发展的基础。为了帮助孩子们规划学业、规划职业、规划人生，我们召开本次家长会，共同学习生涯规划的知识与方法，相信大家能从中汲取助力孩子发展的能量。

第一环节　聊职业，唤醒生涯规划的意识

1. 分小组，交流职业体验

师：尊敬的家长朋友们，在座各位大都有 20 年左右的工作经历，可谓

是职场老将了，相信每位家长都遍尝了职场的辛酸苦辣甜，我们有缘因孩子同在一个班而坐在一起，互相聊聊职场故事，增进彼此了解，请各组畅所欲言。（PPT出示分组交流规则）

（1）相邻座位，6～9人一组，迅速挪动桌椅，围坐成组。
（2）每组通过1分钟简介（我叫什么名字，我来自哪里，我曾做过哪些工作）推选出组长。
（3）组长主持有序讲述职场故事，每人2分钟。

预设： 各个小组聊得热火朝天，家长们纷纷发表职场感慨，有人感叹人事无常，有人回忆似水流年，有人充满雄心壮志，有人麻木茫然。

2. 推代表，演讲职场故事

师： 各小组交流得非常热烈，请各小组推选一位职场代表，分别到讲台前讲述亲历的典型职场故事。（PPT出示：职场故事分享。）

预设： 有成功的励志故事，激励人心；有曲折的工作经历，反响强烈。其他家长认真倾听，并思考自己的职业生涯历程。

过渡： 聆听了家长朋友们的生涯故事，我被深深地打动了，每个人都是独一无二的存在，每个人都不容易。大家有没有思考过以下问题：我们当下的职业与当初的选择有多少联系？在选择前，我们掌握多少生涯规划的知识和技能？我们的孩子是否要重复我们的职场故事？

设计意图 通过生涯故事分享，激发家长对自己职业生涯发展的思考，并有意识开始关注孩子的未来生涯规划。

第二环节　析案例，引导生涯规划的学习

（PPT出示案例一：《北大退学读技校》。）

据新闻报道，青海省高考成绩第五名的周浩，从小就喜欢拆分机械，他的理想是到北航就读航天器相关专业，家长和老师都认为这么好的成绩读北航是一种浪费，在大家的劝说下最终选择读了北大生命科学专业。这个专业在全球排名都非常靠前，听起来是个不错的选择。遗憾的是就读之后周浩却发现完全不喜欢，尝试了旁听、转院、休学。经过这一番折腾后，周浩最终从北大退学到北京工业技师学院读了数控机床这个技术型的专业，在这里他非常开心，还获得了全国数控大赛冠军。

师：各位家长，这个案例你们怎么看？

预设：有人说，北大转学技校，亏大了；有人说，家长和老师太在意名校，而没有关注孩子的兴趣；有人说，还不如到北航就读航天器相关专业，好就业。

师：这是一个典型的家长和老师没有尊重孩子兴趣与选择而导致退转学的生涯规划失误的案例，这样的故事每年都在大量上演。

（PPT出示案例二：《选错学科痛半生》。）

我往届的学生刘双，他喜爱历史，妈妈说理工科好就业，选科时，劝他选了物理方向。他不喜欢物理，学起来颇为吃力，高考时只考了一个比较弱的本科院校的一般专业。我不知道他的大学将怎样度过，更不知道他在就业如此艰难的背景下怎么找工作。或许，选错学科将给他带来半生的痛。

师：这个案例，各位家长怎么看？

预设：有人说，家长应该尊重孩子的意愿。有人问，这孩子以后怎么办？有人叹，家长真不能乱指挥。

师：理工科整体上的确比文科类好就业，不过，也不尽然，如果学生在某一方面比较突出，文科也一样能找到好工作。我的往届文科学生在各大高校当老师、在互联网大厂搞传媒，干得风生水起的不在少数。他选错科后，本应该及时调整。在选科的重大关头，家长要高度关注。

（PPT 出示案例三：《研学考察巧逆袭》。）

我曾带过一届薄弱班，班里的孩子考个二本都是非常艰难的事，我为了激发孩子们的学习动力，在家委会的帮助下，假期组织研学旅行，目标是实地考察全国六大区域的大学。那年高一暑假，我们去了大连，参观了鲁迅美院（大连校区），结果，触动了一个孩子。她发誓要报考鲁迅美院，从此，她像变了一个人似的，学习非常努力。家长也支持她假期去北京进修美术，老师们加强文化课辅导。最终，高三那年，她创造了我校薄弱班学生考艺术类名校的奇迹，实现了人生的逆袭。

师：这个案例，大家怎么看？
预设：有人说，我正发愁孩子不努力，这真是个好办法；有人说，确实得想办法帮助孩子找到自己的理想方向；有人说，家长尊重孩子的选择就会创造奇迹。
师：家长最好的作为就是帮助孩子了解自己、尊重孩子的选择、支持孩子所付出的努力。前提是，家长懂得生涯规划的相关知识。
过渡：通过对三个案例的分析，大家认识到了生涯知识学习的重要性，接下来，我们了解下帮助孩子规划生涯的方法和步骤。

设计意图 以生动的案例引导家长认同生涯规划学习的重要性，开启下一环节生涯规划方法的学习。

第三环节　听讲座，解读生涯规划的方法

师：生涯规划的理论与方法可谓"乱花渐欲迷人眼"，家长们精力有限，我把帮助孩子探索世界、认识自我以及家长自我觉知的基本方法以三个微讲座的形式分享给大家，供参考。让我们携起手来，帮孩子规划出一个美好人生，遇见更好的自己。

1. 探索世界

师： 当今世界的产业、行业、职业、大学、学科、专业有所变、有所不变，我们要及时获取相关资讯，预知未来十年或数十年可能发生的变化。我会以链接方式把资料分享给大家，并推荐一些专业网站、公众号、视频号、讲座、书籍。这些，要花很多精力去消化。本次讲座，重点讲授31个升学路径，以便家长帮助孩子及早探索、准备、选择。（PPT出示推荐清单）

网站：阳光高考网、各省教育考试院网、大学官网。

公众号：梅进德生涯规划百科全书、志愿导师、生涯社、生涯在线、各省专属公众号等。

视频号：冯浩洋升学规划、升学规划乾坤老师、升学规划赵宏。

书籍：《生涯规划与高考志愿规划全攻略》《高考志愿填报诀窍：考生和家长必须知道的100个真相》《高考志愿填报技巧：学校、专业这样选》《吕老师教你填志愿（专业篇）》《高考志愿填报绝招：低分也能上名校》《高考：志愿填报的30个陷阱》《看就业选专业——报好高考志愿》《行业规划决定志愿填报》。

统计表：

《普通高等学校本科专业目录（最新一年修订版）》；

《中国"双一流"大学重点学科一览表》；

《普通本科院校国家重点学科一览表》；

《全国本科院校特色专业一览表》；

《大学本科专业就业难度排名》；

《普通高等学校专科专业目录专业名称》；

《高校专业录取限定"选考"科目一览表》。

师： 下面我重点讲授31个升学路径，因为有的升学途径准备周期长、有的要关注时间节点，相关信息必须早知道。

类型	形式	批次	条件	时间
全国统考	普通高考	普通批	高三学生	6月7、8日
特培考生	保送生	提前批之前	奥赛国家集训队 部分外国语中学	12—翌年1月
学科专长	强基计划	自招批/普通批		高考后
	综合评价	提前批		12—翌年7月
才艺特长	艺术类招生	提前批/普通批	艺术天赋	1—4月
	高水平艺术团	自招批	艺术特长	1—3月
	单招、体育类招生	提前批/普通批	体育天赋	1—4月
	高水平运动队	提前批	体育特长	1—4月
特殊部门	军事类招生	提前批		6—7月
	公安政法类招生	提前批		6—7月
	招飞　空军招飞	提前批		3—5月
	招飞　海军招飞	提前批		9—翌年6月
	招飞　民航招飞	提前批		9—10月
特殊专业	航海类	提前批		6—7月
	小语种	提前批		6—7月
	其他（护理、试验班等）	提前批		6—7月
港澳中外	中国香港高校	提前批		12—翌年7月
	中国澳门高校	不限		5—6月
	中外合作院校	提前批/普通批		6—7月
	中外合作专业	普通批		12—翌年7月
特殊计划	公费师范生	提前批		6—7月
	公费农科生	提前批		6—7月
	公费医学生	提前批		6—7月
	专项计划（国家、地方、高校）	提前批		6—7月

续表

类型	形式	批次	条件	时间
特殊计划	专业对口招生	提前批		6—7月
	高职单独招生	提前批		4—7月
	民族班和民族预科	普通批	少数民族生降80分	6—7月
	边防子女预科	普通批	边防军人子女降80分	6—7月
	非西藏生源定向	普通批		6—7月
	其他定向	普通批		6—7月
留学	美国、澳大利亚、加拿大、英国、新加坡、法国、新西兰、德国、荷兰、韩国、日本、马来西亚、瑞士、意大利、西班牙、芬兰、爱尔兰、瑞典、丹麦、挪威等			

2. 认识孩子

师： 帮助孩子认识自我兴趣、性格、能力、价值观的方法有以下这些，家长可根据条件，选择性使用。（PPT出示）

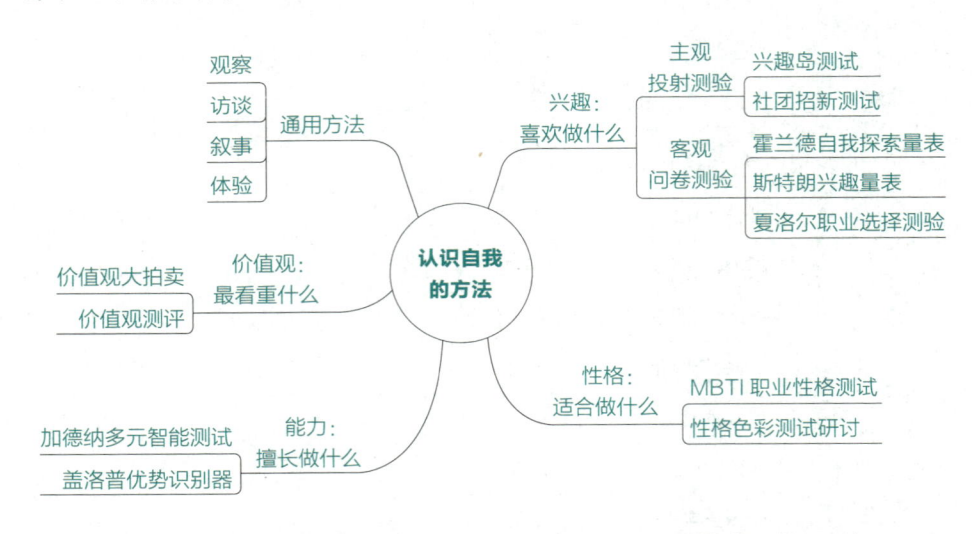

认识自我的方法：

- 通用方法：观察、访谈、叙事、体验
- 兴趣：喜欢做什么
  - 主观投射测验：兴趣岛测试、社团招新测试
  - 客观问卷测验：霍兰德自我探索量表、斯特朗兴趣量表、夏洛尔职业选择测验
- 价值观：最看重什么
  - 价值观大拍卖
  - 价值观测评
- 能力：擅长做什么
  - 加德纳多元智能测试
  - 盖洛普优势识别器
- 性格：适合做什么
  - MBTI职业性格测试
  - 性格色彩测试研讨

预设： 有的家长可能依然摸不着头脑，老师进一步推荐测评网站。

3. 觉知自己

师：家长在孩子生涯规划中起着重要作用，有关专家认为，我国家庭中，父母在孩子生涯规划中扮演的角色，大致有四类。您归属哪一类？（PPT出示生涯规划中的父母角色）

类型	行为描述	归类
支配型	选学科、报志愿、挑大学、择专业，往往父母包办，很少征求孩子意见。	
放纵型	父母不懂或特别忙，对孩子不管不问，一切由孩子自己说了算。	
参谋型	父母给孩子收集信息，初步选择，然后再和孩子商量，由学生最终决策。	
开明型	父母信任孩子，让孩子自己规划，平时注重交流鼓励，培养孩子自主能力。	
说明：请家长依据表格中的分类及行为描述选择自己所属类型，在"归类"一栏中打"√"或"×"		

预设：四种类型的家长都有，不同地区和班级，类型比例有所不同。

师：前两种都不可取，后两种相对好一些，最好是后两种相结合。毕竟，孩子高中学业繁忙，完全放手，孩子精力不足。家长在帮助孩子收集大量信息的基础上，再跟孩子商量，鼓励孩子自己探索更符合实际。

过渡：经过一段时间的使用，大家就能掌握生涯规划的基本方法。为了更好地帮助孩子发现自己的需求，有条不紊地实施规划，接下来，让我们跟孩子一起撰写生涯规划书。

> **设计意图** 通过三个微讲座，让家长掌握基本方法，帮助家长进入指导孩子规划生涯的合适角色。

第四环节　做游戏，撰写生涯规划

师：请各位家长闭上眼睛，思绪飞回到 30 年前，那时的你，恰同学少年，风华正茂……请填写生涯规划书的六张表。（PPT出示生涯规划书，同步发放纸质表格。）

一、自我分析	
项目	内容
综合素质	总体描述： 优势：　　　　　　　　　　　　　劣势：
思想品德	
学业水平	
身心健康	
艺术素养	
社会实践	
个人特质	

二、职业理想			
职业名称			
招聘要求			
薪资报酬			
工作状态			
职业前景			

三、高校探索				
目标高校		1	2	……
探索内容	学校规模			
	办学条件			
	类别层次			
	学科特色			
	城市区域			
	综合排名			

续表

目标高校		1	2	……
探索内容	发展前景			
	录取分数			
	升学路径			
探索结果	预选报考高校六所			

四、专业选择	
探索过程 （分别列出六个以上相应专业）	探索结果
看行业，选专业	1. 出现过十次的专业有： 2. 出现过九次的专业有： 3. 出现过八次的专业有： 4. 出现过七次的专业有： 5. 出现过六次的专业有： 6. 出现过五次的专业有：
看就业，选专业	
看性格，选专业	
看兴趣，选专业	
看优势，选专业	
看价值，选专业	
看区域，选专业	
看性别，选专业	
看家庭，选专业	
看分数，选专业	
经过上述探索和思考，选择专业意向是：	

五、选科决策

因素权重		学科											
		物理		历史		化学		政治		地理		生物	
考虑因素 5~10分	因素权重 1~5分	原始分	加权分	原始分	加权分	原始分	加权分	原始分	加权分	原始分	加权分	原始分	加权分
学科优势													
学科兴趣													
职业方向													
专业选科													
升学路径													
师资情况													
家长意见													
师友建议													
加权分合计													
按分排序													
所选科目													

说明：1. 每条考虑因素，考生依重要性赋原始分，一般5~10分。
2. 根据每个考虑因素对考科的重要性，赋予权重。按重要性"十分重要、比较重要、一般重要、不太重要、不重要"五个等级，对应赋分5、4、3、2、1。
3. 比如物理学科兴趣因素原始分赋8，因素权重赋5，加权分为5×8=40。

六、规划实施

时段	目标	计划	评价	调整
高一上学期				
高一下学期				
高二上学期				
高二下学期				
高三上学期				
高三下学期				

预设： 填写过程中，让家长遇到困惑，会激发他们主动学习的意识，从而储备生涯规划的相关知识。比如，对职业种类、大学类别层次、专业方向了解有限，教师趁机引导家长——生涯规划知识学习需要两年时间。

师： 如果当年你撰写了生涯规划书，会过一个什么样的人生？

预设： 家长感慨，当年如果有这么清晰的规划，自己在职业选择、事业发展上会比今天强。

师： 这六张表的填写是一个动态过程，我们已经开过有关选科决策的家长会，接下来，如果孩子感觉选错学科，按学校给的调整时间迅速调整。如果孩子坚定了所选科目，家长要配合老师督促孩子每个学期根据所定目标进行自我评价、自我调整，唤醒孩子的生涯规划意识，激发孩子奋斗的内动力。

设计意图： 通过"人生穿越"游戏，让家长体验生涯规划的过程，坚定家长帮助孩子做好生涯规划的决心，清晰指导或督促孩子做好生涯规划的流程，配合老师的工作。

会议总结

我们一起学习了助力孩子成长的生涯规划知识，在接下来的两年半，让我们一起按照今天描绘的路线图和推荐的资源，按轻重缓急继续学习领会，一起探讨与成长，用我们的努力照亮孩子的明天，让孩子遇见更好的自己。

会议延展

（1）本学期帮助孩子选择升学路径。
（2）日常关注学习有关生涯规划的教育资讯。
（3）辅助孩子撰写生涯规划书。

（河南省济源第一中学　秦　望）

06. 书香家庭：
书香飘万家，阅读促成长

| 背景分析 |

"耕读传家"和"书香门第"一直是我国传统家庭建设的目标。习近平总书记致信首届全民阅读大会强调："希望孩子们养成阅读习惯，快乐阅读，健康成长；希望全社会都参与到阅读中来，营造爱读书、读好书、善读书的浓厚氛围。"打造书香家庭既是优秀家庭的个体追求，又是书香社会的重要基础。

高一学生学业压力日益增加，自主阅读时间明显减少，深度阅读难以实现。有的家长怕影响孩子高考，不愿或不会陪伴孩子阅读课外书。因此，迫切需要召开一次关于亲子共读的家长会。

本次家长会召开时间是高一下学期期中考试后，参加人员是家长、学生及任课教师。

| 会议目标 |

目标	家长	学生
知识层面	了解书香家庭的一般特征并熟悉评选书香家庭的标准。	了解书香家庭的一般特征，知晓评选书香家庭的要求。

续表

目标	家长	学生
能力层面	具备营造浓厚书香氛围的方法，掌握指导孩子高效阅读、深度阅读的技巧。	掌握高效阅读和深度阅读的技巧与方法，具备与作者、读者共情的能力。
态度层面	明确书香家庭的重要性，愿意投入时间、精力参与到亲子共读中来。	树立正确的读书观，愿意和父母一起打造书香家庭。

┃ 会议准备 ┃

1. 问卷调查

各位家长朋友，您对提升孩子的阅读能力、营造浓厚书香家庭氛围是不是满怀期待又充满焦虑？构建书香家庭，需要我们同心同德、同舟共济。为了更好地服务孩子、帮助大家，我们将做一个关于书香家庭方面的问卷调查，请您如实填写该问卷。本问卷仅供老师了解家长情况使用，信息不会外泄，请您放心！

1. 您了解书香家庭的特征和评选标准吗？（　　）

    A. 了解　B. 了解一点儿　C. 不了解　D. 从未听过

2. 孩子目前的阅读情况您了解吗？（　　）

    A. 了解　B. 了解一点儿　C. 不了解　D. 从未关注

3. 您的孩子喜不喜欢阅读呢？（　　）

    A. 喜欢　B. 不喜欢　C. 不清楚　D. 从未关注

4. 您的孩子喜欢阅读哪一方面的书籍？（多选）（　　）

    A. 文学类　B. 自然科学类　C. 科普类　D. 科幻类　E. 经典名著类

    F. 人物传记类　G. 小说、卡通漫画等娱乐类　H. 其他

5. 您的孩子有没有掌握高效阅读和深度阅读的技巧与方法？（　　）

    A. 掌握了　B. 没掌握　C. 掌握一点点　D. 不清楚

6. 您和孩子会不会经常主动开展亲子共读？（　　）

    A. 经常　B. 偶尔会　C. 老师要求了就会　D. 从未主动过

7. 您对孩子阅读是否进行过有效的指导？（　　）

    A. 经常会　B. 有过　C. 自己不怎么会　D. 从未有过

8. 您期待自己的家庭成为书香家庭吗？（　　　）

　　A. 期待　B. 偶尔想过　C. 无所谓　D. 从未想过

9. 构建书香家庭中，您还有哪些困难？希望得到老师哪些方面的支持？

_____

2. 材料准备

（1）邀请家长和学生提前一个月就亲子共读拍摄图片或录制视频，班主任根据各个家庭提供的素材进行剪辑。

（2）印制书香家庭、首届全民阅读大会等主题相关的文章与针对家长指导家庭亲子共读方面的调查表格。

（3）准备好奖状、奖杯和图书，图书尽量是拟授奖家庭在亲子共读中期待已久的后续共读书籍。

3. 环境准备

（1）出好一期书香家庭为主题的黑板报，制作好"营造书香家庭，坚持亲子共读"主题标语。

（2）准备好足够的桌凳，座位设置成6～8人围坐形式。

（3）每张课桌上摆上班级图书、饮料、水果。

4. 其他准备

（1）班主任指导学生提前做好针对家长和教师不同群体的个性邀请函。

（2）班主任提前大量阅读有关书香家庭、亲子共读、高效阅读、深度阅读等方面的文章并收集相关视频。

（3）班主任和家委会成员根据班级书香家庭评选标准，遴选出本班的书香家庭获得者，提醒获奖家长准备好获奖感言，邀请家长做经验交流报告——《学会做好"三者"：家庭阅读的导读者、答疑者和启发者》。

（4）邀请班级任课教师参加家长会，特别是语文老师准备好微型讲座——《在"学而读""读而学"中提升"阅读力"和"学习力"》。

会议过程

（滚动播放班主任在各个家庭提供的亲子共读素材基础上进行剪辑的视频。）

师：尊敬的各位家长、老师，亲爱的同学们，大家好！刚才欣赏了亲子共读的精彩瞬间，看到大家能一直坚持亲子共读，积极打造书香家庭，为你们的持续努力和长期坚持点赞！

良好的开端是成功的一半。开学半个学期了，您对近段时间的亲子共读状况是否满意？您对孩子学习压力日盛的情况下继续坚持亲子共读是否充满困惑？

为此，我们今天相聚一起，畅所欲言，共同探讨如何更好地打造书香家庭，坚持亲子共读。

第一环节　悦读：书香家庭会分享

1. 亲子分享：共读走过的日子

师：我们班自组建以来，一直致力于创建书香班级、赋能书香家庭，倡导家长和孩子共读佳作，追求岁染芳华、书墨飘香。接下来有请三组家庭代表分享亲子共读的美好体验。（PPT 出示）

（1）父母分享：①对我影响最深远的一本书。②孩子最喜欢的一本书。

（2）孩子分享：亲子共读最深刻的经历。

预设：家长和学生围绕这几个话题娓娓道来，拨动亲子间温馨的"情"弦，亲子间的温暖氛围更加浓厚，激发亲子共读的动力。

有的家长说：对我影响最深远的一本书是《平凡的世界》，我家孩子最喜欢的一本书是《三体》。父子俩在阅读方面虽爱好不同，但我能感觉到孩子开始变得爱阅读、爱思考了。

有的孩子道：在阅读《平凡的世界》时，我和爸爸探讨了孙少安这个角色，为何苦难压身的孙少安活得那么乐观、自信？处困境不失信心，朝梦想努力前行，改自己能改之事，日后必会有所作为。真正的强者遇事没有借口，只有努力！

……

过渡： 刚才三组家庭分享了共读的美好时光，那些感动的瞬间激起了大家打造书香家庭的动力。为了持续推动亲子共读走深走实，结合前期的表现和积累，我们评选出了本班的书香家庭。下面由家长委员会颁发书香家庭的丰富奖品，不仅有奖状和奖杯，还有下一轮亲子共读的精品图书。

> **设计意图** 通过亲子共读分享，增进亲子间了解，让亲子间关系更亲密、日常交流更顺畅，有助于共读活动延续下去。

2. 家委会颁奖：助力美好的明天

（1）颁奖。

师： 下面有请咱们班家长委员会主任 A 同学的爸爸宣读获奖家庭名单并颁奖，请获奖家庭上台领奖，大家掌声欢迎！

预设： 学生和家长热烈鼓掌，彼此鼓励，要坚持共读，争取下次获得书香家庭的殊荣。

（2）获奖家长代表发言。

师： 看！我们获奖家庭的喜悦溢于言表，我想他们一定有话要说。下面有请获奖家长代表 B 同学的妈妈分享一下此时此刻的心情和感悟。

B 同学的妈妈动情地说道："不知不觉，已陪伴孩子共读半年多，今天能获此大奖非常开心，要感谢张老师，还要感谢同学们形成的良好班级阅读氛围，也要表扬孩子的坚持！我悟出了以下几点心得：第一，家长要坚持做好榜样，决不能半途而废。即使再忙，每天也要抽出半个小时陪孩子看看书。第二，培养良好的阅读习惯，注重方法指导。每天定时、定点、定量阅读。若能提供卓有成效的阅读方法与技巧，孩子在阅读时更有成就感。"

过渡： 虽然书香家庭评选活动告一段落，但 B 同学妈妈的发言更让我们坚定打造书香家庭的信念。前途是光明的，道路是曲折的。我想请家长和同学们分别谈谈在书香家庭打造过程中遇到了哪些困难和问题。

> **设计意图** 设置家委会颁奖环节，旨在激励家庭继续保持亲子阅读的好习惯，表扬先进、鼓励后进，形成良好的比学赶超氛围。

第二环节　阅读：书香家庭荟困扰

1. 聊一聊：打造书香家庭的过程中家长遇到的困难和问题

师： 先请家长朋友们来诉诉苦吧。

预设：

家长 1：孩子平时住在学校，没时间开展亲子共读。

家长 2：孩子上高中后，学习节奏很紧张，阅读会占用时间，担心会影响孩子学习。

家长 3：我只有初中学历，想指导孩子阅读，奈何能力不够啊！

2. 议一议：打造书香家庭的过程中孩子存在的困惑与不解

师： 了解了父母的想法后，相信同学们也同样有不少困惑与不解需要表达，请同学们踊跃发言！

预设：

学生 1：要及时完成所有的作业，还要看课外读物，力不从心啊！

学生 2：我倒是想看课外书，发现有选择困难症，不知道该读什么。

学生 3：语文老师推荐我们要读名著、佳作，但很难深入阅读，仅停留在表面，考试的时候阅读题也未必能拿高分。

过渡： 听了家长和同学的心声，我发现要想打造完美的书香家庭，要克服各种困难和艰辛，要掌握科学的共读方法，亲子之间进行有效沟通，共同营造浓厚阅读氛围，学会向优秀看齐，向榜样学习。

> **设计意图**　通过亲子间互吐心声，分享阅读的问题和困惑，旨在完善亲子关系，优化共读方法。

第三环节　跃读：书香家庭汇方法

1. 优秀家长经验分享

师： 有请咱们班优秀家长 C 同学的妈妈带来经验分享《学会做好"三者"：家庭阅读的导读者、答疑者和启发者》，大家掌声有请！

C 同学的妈妈： 阅读是孩子丰富精神生活的重要源泉，阅读能力、阅读兴趣、阅读习惯的培养是从家庭开始的。在家庭阅读中，家长扮演的是导读者、答疑者和启发者的角色，导读、答疑和启发也正是亲子阅读的关键。通过导读、答疑和启发，将书本中的信息和知识内化成孩子为人、处世、做事的理性和智慧。导读，从精彩内容、实际生活、矛盾冲突等方面切入，激发孩子阅读的兴趣；答疑，既不能直接把答案告诉孩子，也不能只让孩子自己去查资料，最好的方法是和孩子共探同究；启发，不能抱有强烈的"功利目的"，要重视当下的快乐体验，更要注重阅读习惯的培养。阅读的力量不容小觑，孩子们通过阅读，不断拓宽知识面，构建合理的知识结构，捕获真正属于自己的心得和感悟，让见识和胆识引领自己的人生。

2. 语文老师开展微讲座

师： 听了 C 同学的妈妈的经验介绍后，很多家长会感觉到眼前一亮、豁然开朗，但孩子们或许在读书方法和成效上还会存在些许疑惑，接下来有请我们班语文老师、资深阅读推荐人徐老师给大家带来微讲座：《在"学而读""读而学"中提升"阅读力"和"学习力"》，大家掌声欢迎！

徐老师： 中国阅读三十人论坛成员聂震宁认为阅读力决定学习力，提高阅读力的目的是提高学习力、文化力与思想力，一个人的学习力将决定一个人的成长高度，而一个民族的学习力将决定一个民族的发展前景。要建设中国式现代化，必须提高社会阅读力。

好的教育绝不局限于成绩的高低,更重要的是培养学生的阅读兴趣,提升他们的学习能力。所以需要咱们家长协助孩子在"学而读""读而学"中不断提升"阅读力"和"学习力",重视阅读前的引导、阅读中的交流、阅读后的指导,激发孩子强烈的阅读兴趣,进而增强他们的学习动力,通过培育良好的阅读习惯支撑他们的学习毅力,通过增强阅读能力提高他们的学习能力。

3. 班主任故事讲述

师: 听完徐老师的微讲座后,相信大家已经掌握了高效阅读和深度阅读的秘密武器,为夺得书香家庭的殊荣助力。接下来我介绍两个往届班级书香家庭的事迹。(PPT 出示)

事迹 1:赵学长原来偏科严重,各科成绩都很不错,就是语文成绩难以突破 70 分,尤其不爱写作文,每次考试作文成绩低得可怜。在亲子共读《逆转》中,父母的导读和引领帮助他掌握了"以弱胜强"的内在逻辑规则,他将优势学科的学习方法迁移到语文学科,并在不断跃迁的过程中获得了书香家庭的殊荣。他坚持参与亲子共读,进一步提升了阅读水平,最终语文成绩在高考中突破到三位数。

事迹 2:刘学姐夺得书香家庭的殊荣后,认为阅读给自己和家庭带来深厚滋养,坚定了自己将来要做一个对社会有益的人的强烈信念,表示有机会的话愿意去做阅读推广人。每到寒暑假,坚持去做社会志愿者,上大学后坚持到乡村支教,坚持用阅读给留守儿童带去温暖。以前当老师是她的备选项,后来成了她的优先项。2021 年,她圆梦成了一名乡村小学教师,坚守陪伴共读,给留守儿童播撒成长的光和热。

过渡: 听完刚才两个事迹,相信大家都会有一个同感:书香家庭不仅仅对个人成长帮助巨大,也能够增强家庭凝聚力,更为建设书香社会提供深厚土壤。同时,书香家庭的茁壮成长,也少不了环境与氛围的助力。

设计意图：通过往届书香家庭优秀事迹分享，让家长和学生体会榜样的力量，滋生动力，增强打造书香家庭的信念。

第四环节　越读：书香家庭慧成长

1. 晒一晒：家庭书屋我做主

师： 前段时间我们班开展了"家庭书屋我做主"的比赛活动，大家纷纷晒出了自家的漂亮书屋，接下来请大家再重温一下美好回忆。（PPT 播放视频《家庭书屋大比拼》）

师： 通过设计书屋、布置书屋、购置图书等系列活动，大家不仅激发了阅读兴趣，还改善了亲子关系，也真心期待阅读成为家庭的好习惯。

2. 亮一亮：共读书目我定制

师： 在这样的家庭书屋里，共读计划势在必行、大有可为，接下来以家庭为单位，讨论制订本年度的家庭共读新计划，稍后请家长代表分享"家庭共读书目、书目选择原因及共读计划"。

预设：

代表 1：我们的家庭共读书目是《不抱怨的世界》《逆转》《和时间做朋友》《刻意练习》《精力管理》，我们一家人觉得不仅要提升学习能力，还要提升道德修养，不断完善自己，凝聚家庭合力。计划孩子上学期间两个月读一本书，假期一个月读一本书。

代表 2：我家选择的是《学习之道》《学习的本质》《考试脑科学》《逆龄大脑》《小狗钱钱》等，我们认为既要学会学习，也要了解脑科学规律，提高学习效率，同时我们也想培养孩子的财商，让他有一定的理财能力。未来一年打算在不影响学习的情况下两个月共读一本书。

3. 荐一荐：班级好书我推荐

师： 我发现喜欢阅读、热爱阅读、钟情阅读的人思想更有内涵，为大家点赞！结合我对书香班级的整体规划和书香家庭的美好期待，我有一份书单迫切想分享给大家，它是很多部门和机构及学者联合推荐的富有影响力的好书榜单，希望大家喜欢！（PPT 出示富有影响力的好书榜单）

文学名著类：《论语》《史记》《西游记》《红楼梦》《三国演义》《水浒传》《小王子》《百年孤独》《悲惨世界》《玩偶之家》《老人与海》《红与黑》

人物传记类：《苏东坡传》《巨人三传》《维特根斯坦传》《人类群星闪耀时》《别闹了，费曼先生》《只是孩子》《我的姑姑三毛》《乾隆王朝》《袁隆平的世界》

社科心理类：《资本论》《资治通鉴》《孙子兵法》《人性的弱点》《国富论》《自卑与超越》《枪炮、病菌与钢铁》《拖延心理学》《梦的解析》《设计心理学》《人生困惑 20 讲》《意识本能》

科普类：《昆虫记》《果壳中的宇宙》《时间简史》《信息简史》《未来简史》《万物简史：从混沌宇宙到未来世界》《从一到无穷大：科学中的事实和臆测》《不可思议的科技史》

科幻类：《三体》《海底两万里》《七夏娃》《献给阿尔吉侬的花束》《五号屠场》《呼吸》《银河帝国》《深渊上的火》《美丽新世界》

设计意图 给家庭提供更多的阅读选择，点燃家庭亲子共读的激情。

会议总结

不知不觉今天的家长会已经接近尾声，最美家庭，书香同行。虽然我们阅读的书籍还不够丰富，时间还不算特别充裕，但只要我们敢尝试、会坚持，读书可以成为我们永远的选择！最是书香能致远，让我们携手努力，把阅读融入生活，让书香伴随孩子一路健康成长！

会议延展

（1）分享书香班级读书规划，将过程性管理和综合评价结果通过家长微信群告知家长。

（2）以月为单位开展书香家庭美文诵读、我心中最美书籍推荐、遴选最美读书笔记、绘制共读图书思维导图等系列活动。

（3）不间断地指导家长交流读书心得、育人体会，典型问题集中解答。

（江西省赣州市南康区第四中学　张　辉）

07. 亲子沟通：
沟通，让家庭更美好

| 背景分析 |

为了引导和促进家庭教育，我国于 2022 年 1 月 1 日实施了《中华人民共和国家庭教育促进法》，为家庭教育提供了必要的法律保障。高中生正处于心理断乳期，随着身体的迅速发育，自我意识的不断增强，他们迫切希望脱离父母的"管控"，沟通对象由父母逐渐转向同伴。但是由于过于在意别人的眼光，他们在表达自己真实想法时感到困难，甚至无法清晰地表达自己的情绪和需求。当孩子们面对课业压力，及纷繁复杂的信息时，他们需要家长因势利导。而家长们大多忙于生计，压力也比较大，不能及时地关注并指导孩子，这势必会引发亲子冲突。因此，有效的亲子沟通尤为重要。

本次家长会时间安排在高一下学期期末，参会对象是家长和学生。

| 会议目标 |

目标	家长	学生
知识层面	了解高中生的年龄特征、常出现的问题以及亲子沟通的方法技巧。	学习与父母沟通的方法技巧。

续表

目标	家长	学生
能力层面	能找出亲子沟通中的障碍点,并能分析孩子情绪背后的心理需求,学会运用适当的方法技巧化解矛盾。	能利用沟通技巧与父母进行积极的交流,用恰当的方式表达自己的观点。
态度层面	认识到亲子沟通的重要性,并能理解和包容孩子。	尊重父母,积极主动与父母沟通,努力建立和谐的亲子关系。

会议准备

1. 问卷调查

亲爱的家长朋友们,为了了解您和孩子的沟通现状,便于在日后的家校合作中给予您和孩子更具体的指导与帮助,我们特邀请您填写这份"亲子沟通调查表"。表格中列举了亲子沟通可能出现的问题,请您根据实际感受思考回答并核算分数。得分情况如下:非常不符合得1分、比较不符合得2分、不确定得3分、比较符合得4分、非常符合得5分。

内容	得分
1. 当孩子向我倾诉他/她的烦恼时,我会耐心地倾听,并给予适当的回应。	
2. 我允许孩子对我的观点和看法提出他/她不同的意见。	
3. 答应孩子的事情,我会说到做到。	
4. 我经常与孩子有亲密接触(如摸头、拍肩、拥抱等)。	
5. 我会把我对孩子的真实感情直接向孩子表达出来,例如:"孩子,我爱你!"	
6. 我不会把自己的孩子同别人家的孩子做比较。	
7. 我差不多每天都有一定的时间和孩子谈学校里发生的事情。	
8. 与孩子说话时,我很少用"你应该……,你最好……,你再不……我就……"等命令口气。	
9. 与孩子发生冲突后,如果是我错了,我会向孩子承认错误。	
10. 家庭中需要做决策的事情,我会去了解孩子的想法,征求孩子的意见。	

说明:得分越高,说明您越关注孩子,越重视亲子关系,您和孩子的关系越融洽。

2. 材料准备

（1）学生搜集温馨的家庭生活照片或视频。

（2）制作 PPT，打印君子协定，准备黑色签字笔，排练情景剧。

3. 环境准备

学生将设计好的成长照片（挑选从小到大的家庭温馨照片或自己的照片和感恩话语）放在自己的桌子上。

4. 其他准备

（1）统计调查问卷，并进行分析。

（2）编辑微信发到家长群，动员父母亲自来参加会议。

会议过程

（循环播放亲子照片和视频，两名学生引导家长入座。）

师： 尊敬的家长、亲爱的同学们，大家上午好！请允许我代表同学们感谢各位家长能在百忙之中参加本次家长会，了解孩子的在校生活，关注他们的心灵动向。家庭是孩子的第一所学校，良好的亲子沟通有利于父母全面认识孩子，了解孩子的兴趣爱好、情感困惑、交际障碍等，并及时给予指导和帮助，帮助孩子完善自我，成就孩子美好未来。本次家长会的主题是：沟通，让家庭更美好。

第一环节　倾听孩子心声

1. 情景剧表演

师： 现在请大家先欣赏 A、B、C、D 同学为大家准备的情景剧《怎样听，孩子才会说》。有请四位同学。

第一场景：说教式。

同学 A 扮演孩子，同学 B 扮演妈妈。

孩子：妈妈，我不想念书了。

妈妈：你这是又怎么了？发生什么事了？

孩子：实在太没意思了。

妈妈：不行，你疯了吗？不念书你怎么考大学？不考大学你怎么找工作？找不到工作，那你这辈子不就完了吗？你得好好学习，知识可以改变命运的。你看看你表哥，人家从小就听话，认真学习，一路考上了重点中学、重点大学，现在又找到了好工作。我和你爸爸一天起早贪黑地供你上学容易吗？你每天风吹不着雨淋不着，还总找事，真是身在福中不知福。

第二场景：交流式。

同学 C 扮演孩子，同学 D 扮演妈妈。

孩子：妈妈，我不想念书了。

妈妈：很高兴你能把你的想法告诉妈妈。

孩子：我感觉学习实在太没意思了。

妈妈：嗯，妈妈不太理解这句话的意思。

孩子：每天这么累，学习有什么用？

妈妈：你是觉得学得很累，学的知识还没有意义，对吧？首先，恭喜你，你真的长大了，开始对学习的意义有思考了。其次，妈妈理解你，学习这么累，学的知识又感觉不到它的价值，你当然就会觉得不值得。累说明你在学习中努力过、拼搏过、挣扎过、奋斗过。现在你的成绩呢也没有明显的提升，所以你觉得现在学习没有用并且不值得。

孩子：是啊，我觉得学的这些知识现在没有用，在我以后的工作和生活中好像也用不上。

妈妈：你的意思是不知道学习的知识在哪些时候用得上，或者是你不知道学习的知识是否会对你将来从事的职业带来帮助。

我们来想想学习能给我们带来什么。我们丢下书本、文凭之后，我们的心灵当中、大脑当中剩下什么？例如：数学的背后是什么？是不是逻辑性、严密性、层次性？学习的过程又磨砺了我们什么？你们这一代基本上都是在温室中长大的，意志品质不够坚定，学习很苦很累，就是在训练和磨砺品质。这些都会帮助我们解决工作和生活中的各种问题，使我们更优雅地生活。

2. 家长谈感受

师：感谢四位同学的精彩表演，现在请家长们谈谈对两种交流的感受。

预设：随机采访两位家长。一位家长说：第一种形式的沟通很难进行下去，孩子会很反感。但是这种方式正是我们常用的。第二种形式的沟通更注重引导孩子把心里的想法说出来，能让孩子感受到家长很愿意倾听，很重视他们说的话，才有继续往下说的可能。一位家长说：通过第二种交流方式，我们意识到孩子其实并不是真的不想念书，而是在迷茫中寻求帮助。我们应该耐心地倾听孩子的心声，敏锐地捕捉他们真正的需求。

师：伟大的心理学家海姆·吉诺特说：倾听是智慧的开始。我们可以通过提问、复述等方式去确认孩子的观点，引导孩子尽可能多地表达自己的看法，在此过程中不要表现出来任何认可或反驳，并尽量避免使用"你应该……，你最好……"这样的表达方式，多使用"我不太理解……，你的意思是……"这样的表达方式。

过渡：我们除了花时间倾听孩子们的想法，还要真正去理解他们。随着年龄的增长，孩子们的生理和心理都会发生变化，只有了解这个年龄阶段的特点，知道他们的想法，及时调整沟通的方式，才能深入体会他们的感受和真实需求。

设计意图：以情景剧表演的形式，对比呈现两种常见的沟通方式，让家长更能感同身受，学会如何倾听孩子内心的想法。

第二环节 梳理沟通重点

1. 学生的年龄特点

师：我整理了孩子在这个年龄阶段的生理和心理的特点。我们要尊重孩子成长的每个阶段的独特性，尊重孩子的个体差异，采取适合他们的沟通方式。（PPT 出示高二学生的生理和心理特点）

（1）身体发育已经接近成人。
（2）渴望独立、期望别人的认可和尊重，对权威很反感，对身边的事务总是投以疑问的目光。
（3）喜欢尝试，懵懂又对异性充满好奇。
（4）没有了高一的新鲜感，也没有高三的紧迫感。

2. 沟通的主要内容

师：学业和日常生活是青少年与父母沟通的主要方面。然而也有一个很有趣的现象：有问卷调查发现，孩子认为父母主要以学业方面的沟通为主，占 47.6%，将近一半；而家长则认为学业方面的沟通仅占 17.8%。（PPT 出示）

内容	所占百分比
孩子认为"学业"方面的沟通	47.6%
父母认为"学业"方面的沟通	17.8%

过渡：这意味着家长的内心和实际行动之间是有矛盾的，在实际沟通中更多表现出来的则是对学业的关注。家长要随着孩子的变化不断地调整教育观念和沟通方式，转变思维方式。对于孩子来说，沟通开始于家庭，他需要在家庭中不断地体验、实践、反思、成长，然后运用到与其他人的交往中，在此过程中需要家长们提供榜样和帮助。

设计意图：通过呈现高二学生的年龄特点和需要沟通的主要内容，使家长做到心中有数。通过数据对比，使家长们意识到自己的表达和孩子接收的信息不一致，需要调整教育观念和沟通方式。

第三环节 转换思维方式

师：面对孩子出现的问题，家长会因为思维方式的差异而导致不同的结果。让我们来对比一下消极思维方式和积极思维方式的差异。（PPT出示）

1.孩子顶撞我了。	想法一：这孩子真是惯坏了，太不懂事。
	想法二：孩子信任我，他长大了有自己的想法，我得认真倾听。
2.孩子成绩下降了。	想法一：这孩子真糟糕，一定是学坏了。
	想法二：这孩子一定是遇到困难了，他需要我的帮助。
3.对于孩子考学。	想法一：一定要拼尽全力考个好学校。
	想法二：选个适合孩子的学校，选个适合孩子的专业。

师：通过对比，我们感受到遇到问题时思维方式不同，行动不同，结果就会不同。我们要做拥有积极思维方式的家长，引领孩子共同面对并解决问题。时代在变化，我们必须紧跟时代步伐，适应环境的变化，改变思维方式可以让我们寻找新的解决方案和切入点。

过渡：打破原有的思维方式是很难的，寻找一个创新方案也不容易，这个过程需要大家的积极参与、共同努力。把我们的想法列出来，想办法解决。有些冲突马上就可以解决，有些则需要几个小时或者是更长的时间来解决。要理解并且平等地对待每个人的需求，找到满足彼此需要的最佳方案。在解决问题过程中，不一定是"有我无你"的情况，要共同开动脑筋转变思维方式寻找最优解决方案，力求共赢。

设计意图：呈现消极思维方式和积极思维方式的差异，引导家长利用积极思维方式思考、解决问题。

第四环节　寻找最优方案

1. 签君子协定

师： 为了保证实践活动顺利进行下去，我们要签一个协定，请 E 同学给每个家庭发一份君子协定，请家长和孩子认真阅读协定内容，然后在相对应位置签字。

君子协定

为了活动顺利进行，为了美好的亲子关系，在活动中我严格遵守协议规定。

（1）不能评价别人的想法。任何的想法都有合理性，不要对观点进行评判，如果此时对别人的想法进行评价，就没有时间和精力寻找有价值的观点，我们的活动就会无法进行下去。

（2）尽可能多地说出你能想到的任何主意。不要有任何顾虑，说出在你脑海中闪过的每一个观点，任何观点都不是荒谬的。

（3）主意越多越好。此时我们看重的是数量而非质量。有大量的各种各样的观点，那么发现一个非常好的观点的概率就会大大提高。

（4）每个想法不属于个人，都属于整个家庭。无论是你自己想出来的主意，还是建立在其他人的观点之上，只要进行了扩展和发挥，都是在为寻找最优方案做贡献。

家长签字：

学生签字：

年　月　日

（备注：君子协定借鉴了《教育中的心理效应》一书。）

师： 只要大家愿意遵守上面的协定，好点子就能在每个人的头脑中刮起风暴。现在就可以尝试一下亲子一起行动带给你的美好体验！

关于解决方案，大家想到的无非是一方做出妥协，但是妥协只是暂时解决了这个问题，可能没有谁会感到快乐，我们得开动脑筋试试让人人都赢。

2. 开动脑筋

师：现在我们先看一个视频，然后以视频为案例，参照 PPT 上的步骤，以家庭为单位进行实践。

（PPT 播放视频：孩子在玩手机，妈妈几次进屋劝说孩子放下手机写作业，孩子让妈妈出去，把门反锁，爸爸妈妈把门锁弄坏。）

师：活动分为以下四个步骤。（PPT 出示）

1. 确认想法：家长和孩子分别确认自己对做作业和玩手机真实的想法并做记录。
2. 改变思路：亲子交换记录，推翻自己的观点，站在对方的立场再一次考虑问题。
3. 坚信共赢：发自内心地寻找解决方案，并鼓励孩子列举出他的多种方案。
4. 实验方案：对比、修改，找出最优方案。

注意：遵守签订的协议。

预设：教师走下讲台指导，鼓励先完成的家庭进行分享。家长和孩子记录自己对游戏和作业可能的想法。对于游戏，孩子可能认为能锻炼思维、体验冒险、宣泄不良情绪、交到朋友；家长可能认为会使孩子沉迷虚拟世界，影响健康，浪费时间和金钱，耽误学习。对于作业，孩子可能认为枯燥无味、耗费大量的时间、难度大、任务繁重；家长可能认为可以巩固学习的知识、提高能力、锻炼思维。

交换记录，推翻自己的观点，感受对方的想法。家长感受孩子的观点：他玩游戏思维还挺灵活的，挺有天赋的，适当放松一下也无妨。孩子感受家长的顾虑：玩游戏时间过长或者姿势不对会影响视力。沉迷游戏，耽误学习，有些游戏影响心理健康。

亲子商议出来的解决方案可能有：挑选游戏，规定玩的时间；一起玩，找共同语言，建立感情；玩吧，玩够了就写作业了；写完作业再玩。

师： 感谢X、Y、Z家庭的分享。同一个问题，每个家庭的情况不同，解决方案也会有差异，问题的解决方案可能并不完美，其实找到解决方案并不是最重要的，关键是陪伴孩子一起寻找答案的过程。陪伴并引导他们，当遇到问题时需要转变思维方式，帮助他们找到解决问题的方法。这不仅仅会改善亲子关系，也会让孩子受益终生。

设计意图　通过签君子协定和寻找方案的过程，使家长和学生体会换位思考，感受共同解决问题的快乐。

会议总结

家长朋友们，您的一言一行都无声地影响学生的成长。要求孩子去做的事情，我们自己要做好榜样，也许有时您做得不是很好，但要告诉孩子，你会跟他一起努力去做好。最亲近的人有时候在沟通方面更会遇到一些挑战，这可能是因为我们已经对对方有了一定的预设和期望，或者因为情感上过于亲密而容易产生误解。

回顾我们一起探讨的问题，其实都能指向一个字，那就是"爱"，因为家是充满爱的港湾，每一次沟通都是一次增进感情，与孩子共同成长的机会。最后把著名经济学者何帆老师的一句话送给大家："不硬碰，巧转身，换思路，开新局！"

特别感谢各位家长和同学们为这次家长会的付出，看到孩子们用心挑选的一张张照片和暖心的感恩话语，我被深深地感染着。看到家长们积极参与，我被深深地感动着。家长会是我们建立更好的亲子沟通的开始，让我们大家挽起手来，凝心聚力，奔向美好的明天！

会议延展

（1）每个家庭为班级提供一个有关沟通的案例，开学组织分享优秀案例。

（2）宣传委员负责此次活动美篇的制作、宣传。

（3）推荐共同阅读《非暴力沟通》《第三选择》。

（内蒙古自治区扎赉特旗音德尔第一中学　王春香）

08. 体艺学生：
"体"验不同，"艺"常精彩

| 背景分析 |

党的二十大报告中提出要"促进群众体育和竞技体育全面发展，加快建设体育强国"。2020年，中共中央办公厅、国务院办公厅印发的《关于全面加强和改进新时代学校美育工作的意见》中指出，要把美育纳入各级各类学校人才培养全过程，贯穿学校教育各学段，培养德、智、体、美、劳全面发展的社会主义建设者和接班人。目前，各地高中也越来越注重对体艺特长生的培养，旨在为高校输送体艺后备人才，也为高中生升学提供了另一种选择。为让学生和家长了解体艺高考政策及体艺特长对升学的帮助，特组织召开本次家长会。

本次家长会的参与对象是本班全体家长、学生和体育、美术老师，活动时间是高一年级下学期期末。

| 会议目标 |

目标	家长	学生
知识层面	了解体育和艺术在孩子成长过程中的积极作用，明白体艺特长对升学的帮助，清楚什么是体艺高考。	感受体育和艺术的魅力，了解体育和艺术专业的社会价值，明白体艺特长对升学的帮助，清楚什么是体艺高考。

续表

目标	家长	学生
能力层面	根据孩子的学习能力和学习现状，与孩子共同探讨并找到适合他们的升学路径。	在家长的协助下，结合自身学习情况，明确自己是否适合借助艺体特长达成升学目标。
态度层面	客观看待孩子的优势和不足，鼓励孩子，信任孩子。	理性分析自身优势和不足，树立目标，坚定信心，制订计划，稳步迈进。

会议准备

1. 材料准备

（1）制作会议暖场所需 PPT。

（2）制作体艺特长生训练和比赛的视频集锦。

（3）搜集并整理体艺特长生的作品、获奖证书、奖牌、奖杯、录取通知书的照片。

（4）准备会议记录本、黑色签字笔。

2. 环境准备

（1）做好教室及篮球馆清洁，将教室桌椅摆放整齐。

（2）调试两个会议场所的多媒体设备。

3. 其他准备

（1）选拔并培训会议主持人，熟悉家长会流程及串词。

（2）做好亲子篮球赛的赛前准备工作，排练才艺表演环节的所有节目。

（3）指定一到两名学生负责现场摄影工作。

会议过程

（家长会开始前，现场多媒体设备滚动播放学生参加运动会和艺术节表演的视频与照片。）

主持人甲： 尊敬的老师和家长，亲爱的同学们，欢迎大家来到"'体'验不同，'艺'常精彩"主题家长会的现场。

主持人乙： 在此我代表班主任对家长们的到来表示热烈的欢迎！

主持人甲： 据我所知，我们班在体艺方面藏龙卧虎，人才济济。

主持人乙： 没错。召开本次家长会的目的就是为了向大家充分展现同学们的个人风采，让大家领略体艺特长之美。

主持人甲： 同时，让大家了解体艺高考的升学路径。

主持人乙： 这是一次与众不同的家长会，希望这次家长能给大家带来不一样的收获。

第一环节　弘扬体育精神，展现体育魅力

主持人甲： 接下来，就让我们进入家长会的第一环节——"弘扬体育精神，展现体育魅力"，由我班班级篮球队成员和部分同学的爸爸为大家献上一场亲子篮球赛。

主持人乙： 下面，由我来为大家介绍一下本场比赛的规则。（PPT出示）

亲子篮球友谊赛比赛规则：

1. 比赛双方为学生代表队、家长代表队，两队各由7~10名队员组成。
2. 比赛分为上下半场，上下半场比赛时间各10分钟，上下半场之间休息3~5分钟。
3. 其余规则与正式篮球赛一致。本场比赛的裁判由我校体育老师×老师、×老师和×老师担任。

主持人甲： 现在，请大家移步篮球馆。

主持人乙： 欢迎大家来到篮球馆，让我们共同期待一场精彩的比赛。

主持人甲： 比赛开始前请队员们依次用一句话进行自我介绍。

主持人乙： 请所有参赛队员做好赛前热身，比赛将在3分钟后开始。

预设：

邀请本班体育老师、一名家长或学生进行现场解说，活跃现场气氛。比赛结束，主持人随机采访参与比赛的一名家长和一名学生，让他们谈谈比赛感受。

主持人甲： ×××爸爸，您好，感谢您作为家长代表接受采访。今天，在场的所有队员共同为我们带来了一场精彩纷呈的比赛，请您谈谈比赛感受。

家长1： 这场比赛增进了亲子互动，展示了学生风采，展现了体育精神，提升了学生自信。

主持人乙： ×××同学，作为学生代表，请你谈谈你此刻的心情，同时也请你谈谈这次亲子篮球赛的收获。

学生1： 很高兴能参加这场比赛，这是一次难忘的经历。这场比赛增强了班级凝聚力，加深了同学们的友谊，增强了我的自信心，促进了亲子关系。

师： 感谢场上的家长和同学为我们奉献了一场精彩的比赛。此刻，胜负已不再重要，重要的是队员们在场上那种每球必抢、每分必争的比赛态度以及团结协作、努力拼搏、不轻易言弃的体育精神，这就是竞技体育的魅力，也体现了体育带给我们的正能量。

过渡：

主持人乙： 让我们再次用掌声感谢所有队员，他们的精彩表现为我们诠释了一种积极向上、顽强拼搏、永不放弃的品格，这也是我们在学习中所需要的。接下来，请大家迅速返回本班教室，我们将进入家长会的下一环节。

设计意图： 通过竞技比赛，让学生施展体育特长，增强自信心，并找到自身在班级中的认同感；展现团队精神，增进班级凝聚力；优化亲子关系，促进学生身心健康发展。

第二环节　绽放青春，超越自我

主持人甲： 在欣赏完一场扣人心弦的篮球赛后，让我们把目光转向这样一群朝气蓬勃、阳光自信的体育健儿。

主持人乙： 他们在日复一日的训练中挥汗如雨。

主持人甲： 他们在各自的赛场上奋力拼搏。

主持人乙： 他们为学校争光添彩。

主持人甲： 他们就是我校历届优秀的体育特长生。

主持人乙： 接下来，请大家欣赏我校体育特长生在训练和比赛中的精彩瞬间，以及他们用辛勤的汗水赢得的累累硕果。

（PPT出示：体育特长生视频集锦；体育特长生获奖证书、奖牌、奖杯照片；往届体育特长生大学录取通知书照片。）

过渡：

主持人乙： 在欣赏完刚才的视频集锦后，相信所有家长和同学一定都感受到了体育的激情和魅力。那一张张证书、一块块奖牌、一座座奖杯是对体育特长生艰苦奋斗、顽强拼搏最好的肯定。那一张张录取通知书告诉我们：体育特长生能够通过自己在体育特长方面的努力去实现大学梦。

设计意图 通过展现体育特长生风采，让家长直观了解体育对于强健学生体魄、磨砺学生意志、塑造学生品格、助力学生升学的积极作用。

第三环节　打开艺术之门，尽享艺术之美

（PPT出示：班级才艺展示——舞蹈串烧、创意走秀、话剧表演、乐器演奏。）

主持人甲： 在感受了体育的魅力之后，接下来我们将迎来一场艺术的视听盛宴。

主持人乙： 是的，我们班除了有一群热爱体育、热衷运动的阳光大男孩，

还有不少在艺术方面颇具天赋和才气的同学。

主持人甲： 他们中有的擅长美术，有的擅长舞蹈，有的擅长乐器。

主持人乙： 下面，我们就把舞台交给他们，期待他们的精彩演出。

预设：

（1）舞蹈串烧。校舞蹈队成员和街舞社成员带来民族舞、爵士舞、街舞的舞蹈串烧。

（2）创意走秀。同学们身着由旧报纸、饮料瓶、易拉罐等生活废旧物品打造的"时装"进行走秀，并由设计者讲解"时装"设计理念。

（3）话剧表演。同学们从课本中挑选经典的文学作品或戏剧片段，改编为课本剧，或者由学生原创一个剧本，以话剧表演的方式呈现。

（4）乐器演奏。同学们进行现场表演，演奏形式可以是独奏，也可以是学生自行编排进行合奏。

（5）主持人采访参加才艺展示的同学，让他们谈谈接受艺术特长培养的心路历程、大学梦以及未来的目标或规划。接受采访的学生在家长会召开前做好接受现场采访的准备。

主持人甲： ×××同学，你好。你设计的"时装"真是别出心裁，让在场的所有人眼前一亮。你的设计灵感来自什么呢？

学生2： 艺术和环保相结合的创意以及绿色可持续发展的理念。

主持人乙： ×××同学，作为我们班的"艺术大师"，请你给我们聊聊你学习美术的心路历程吧。

学生2： 从小我就对美术有强烈的兴趣，小学至初中由兴趣爱好转变到系统学习；到了高中，我进入到专业培训机构继续学习。

主持人甲： 最后，请你谈谈你的大学梦以及对未来的打算。

学生2： 我的大学目标就是一流美术院校。与美术专业相关的职业领域包括建筑设计、景观设计、平面设计、服装设计等，我最想从事的是建筑设计。

师： 感谢各位小才子给我们带来一次愉悦的视听享受，让我们真切地感受到了艺术的魅力。这次才艺展示让我重新认识了我们班的很多同学，你们不仅可以把艺术当作一种爱好，还可以充分借助艺术特长，深入挖掘你们在艺术方面的潜力，将艺术作为通往理想大学的阶梯。

过渡：

主持人乙：让我们再次用掌声感谢参与演出的所有同学，谢谢你们！今天的这场才艺展示让大家有了一次多元化的艺术体验。

> **设计意图** 通过才艺展示，增进彼此了解，增强学生信心，展现个人魅力；同时，营造积极向上、清新高雅、健康文明的校园文化氛围。

第四环节 "艺"气风发，放飞梦想

主持人甲：如果刚刚的表演让大家意犹未尽，没关系，接下来让我们继续欣赏我校艺术特长生在比赛和演出中的精彩片段。

主持人乙：让我们一起欣赏他们的艺术作品，见证他们为我校赢得的各项荣誉。

（PPT出示：艺术特长生视频集锦；艺术特长生作品、获奖、证书、奖杯照片；往届艺术特长生大学录取通知书照片。）

过渡：

主持人乙：在欣赏完同学们的表演和作品后，相信大家都对他们的表演和作品留下了深刻的印象，它们展现了高中生的多元化发展，艺术特长生可以凭借自身的艺术天赋和后天的不懈努力去敲开理想大学的大门。

> **设计意图** 通过展现艺术特长生风采，引导学生树立正确的审美观念，培养健康的审美情趣；同时，让家长直观感受艺术对于陶冶情操、发展个性、丰富内涵和助力升学的重要作用。

第五环节　艺体齐飞，百花齐放

主持人甲： 时间过得真快呀，不经意间我们就来到了家长会的最后一个环节。

主持人乙： 想必大家都知道，我校为许多高校输送了大批优秀的体艺特长生。

主持人甲： 为了让在座的家长和同学们对体艺高考、体艺特长对高考升学的帮助有一个全面的了解，我们特意邀请了两位从本校毕业并考入知名大学的体艺特长生给大家分享他们的学习经验。

主持人乙： 下面，让我们用掌声请出今天的经验分享者×××和×××。（PPT出示：体艺特长毕业生代表×××、×××学习经验分享。）

主持人甲： 感谢×××和×××的经验分享。想必大家在听完他们的经验分享后，对如何通过体艺特长考入理想大学有了一定的了解。现在进入提问环节。

家长2： ×××同学，你好，我是一名体育特长生的家长。请问一名体艺特长生在平时的学习中如何有效提高文化成绩？

分享者： 不管通过哪种途径升学，文化课都是相当重要的。体育艺术特长并不是大家所谓的升学"捷径"，我们只是换了一种方式去和全国各地的考生竞争。体艺生在文化课学习上面临的最大困难就是，总会因为多种因素而耽误很多上课的时间。体育特长生每天都有定时的训练，并经常外出参加各种比赛；艺术特长生从高二下期末开始陆续暂停文化课的学习，进行为期几个月到半年的专业集训——这些都会让体艺生落下很多文化课程，所以体艺生想要提高文化成绩，重中之重就是要提高学习效率，在有限的时间内创造无限的可能。下面就是我给大家总结的几条方法。（PPT出示）

体艺特长生有效提高文化成绩的方法：
1. 重视文化学习，端正学习态度；
2. 做好时间管理，平衡训练和学习；

3.提炼学习方法，提高学习效率。

师：根据我的经验，任何学生文化成绩不理想，根本原因并非基础差学不懂，而是不愿意在学习上下功夫，体艺生也不例外。所以我们需要有矢志不渝的勇气，持之以恒的决心，付诸行动的努力，唯有如此，我们才能真正发挥出体育或艺术特长的优势，并把它转化为助力升学的胜势。

家长3：不同层次的体育特长生的升学出路在哪儿？

分享者：这确实也是一个很多体育特长生和家长关心的问题。不同层次体育特长生的升学出路通常有三条：体育高考、体育单招、高水平运动员考试。下面，我就简单介绍一下这几类考试的特点。（PPT出示）

考试类别	考试办法	报考资格及适用群体
体育高考	1.体育专业参加体育五项考试； 2.文化考试参加普通高考； 3.高考分数线中有单独的体育类文化分数线。	1.无二级运动员证书； 2.专业和文化成绩都不突出或专业成绩一般，文化成绩相对较好的学生。
体育单招	1.体育专业选择自己的体育专项进行测试； 2.文化考试参加独立的单招文化考试（非普通高考）。	1.有二级运动员证书； 2.文化成绩弱，专业成绩好的学生。
高水平运动员考试	1.体育专业采取全国统考、高校联考和高校校考相结合的方式； 2.文化考试参加普通高考。	1.获得国家一级运动员（含）以上技术等级称号的学生； 2.自2027年起，获得国家一级运动员（含）以上技术等级称号且近三年在国家体育总局、教育部规定的全国性比赛中获得前八名的学生； 3.专业和文化成绩两者中至少有一项突出的学生。

主持人甲：让我们再次用热烈的掌声感谢两位毕业生代表为我们带来的经验分享。

主持人乙：通过本次家长会，相信在座的家长和同学对通过体艺特长升学的途径及体艺高考政策有了一个大致的了解。

主持人甲： 如果大家需获取更多的体艺特长生高考政策的信息，推荐大家前往考试院官方网站或招考信息网站进行查询，也可翻阅最新的《考生必读》了解相关信息。

主持人乙： 高三（2）班"'体'验不同，'艺'常精彩"家长会到此结束。谢谢大家的参与！

预设：

毕业学生经验分享可包含如下几个方面：

（1）个人资料，包含其体育或艺术生涯从启蒙阶段到高中的历程；

（2）参加所有体育或艺术专业校考的经历；

（3）体艺特长生如何兼顾专业训练和文化学习；

（4）就如何借助体育或艺术特长升学，给学弟学妹们的一些建议。

设计意图： 体艺特长生向大家分享自己的经历和经验，并通过现场问答环节，解答学生和家长在体艺特长生升学方面存在的疑惑。

会议总结

本次以体育、艺术为主题的家长会，让家长和学生共同感受了体育和艺术散发的活力与魅力，同时也让家长和学生明白，体育和艺术类专业技能可以增强核心竞争力，可以为学生进入理想大学提供又一种选择，可以丰富学生未来的人生选项。我们不应该武断地把学习体育或艺术看作是学生文化成绩不好的表现，文化成绩差和选择体艺高考之间没有必然的联系。每个人都有自己的短板，也有自己的长处，每个学生就是要扬长避短，选择最适合自己的升学途径，考取自己理想的大学和专业，去实现自我价值。

| 会议延展 |

（1）家长和孩子一起，结合孩子目前的文化学习情况和体育或艺术专业水平，共同探讨并明确适合孩子的升学途径。

（2）在家长的指导下，学生结合自身优势和不足，有针对性地制订高中阶段未来两年的学习规划。

（3）在今后的学习中，家长督促、协助孩子落实学习计划，有意向走体艺高考路线的学生和学生家长及时关注教育部相关的最新政策，找老师进行专业解读和指导。

（重庆市育才中学校　汪晟华）

09. 高二生活：
高二巡航，拒绝迷茫

背景分析

高二是承上启下的一年。学生已经适应高中生活，高二有着以下特有的特点：第一，高二学业难度加大，学习生活的节奏更加紧张，但又远没有高三的紧迫感。此刻，学生很容易迷茫、分化。第二，高二伊始，学生和家长或充满期待，或心有不甘，或跃跃欲试，或提心吊胆。第三，学生正处于成长的关键期，他们要想处理好自身与外界环境的关系，需要老师的专业指导和家长的亲情参与。因此，这一次家长会非常有必要。

本次家长会参与对象是学生和家长，活动时间是高二年级的9月份。

会议目标

目标	家长	学生
知识层面	了解高二生活，熟悉学生的目标体系，掌握督促学生的方法要领。	熟悉高二生活，明确自己的目标体系，熟悉高二学习特点和方法。
能力层面	能够结合孩子阶段性表现，及时发现问题，科学地督促孩子，以便完成既定目标。	能够结合高二特点，及时进行自我反思和调整，优化学习方法，聚焦学业目标，高效完成目标。

续表

目标	家长	学生
态度层面	积极关注孩子学习生活的状态，主动进行家校合作，聚焦孩子成长，助力高效完成目标。	积极投入高二学习生活，主动调整自己，悦纳环境改变，接纳家长的督促，聚焦目标，积极作为。

| 会议准备 |

1. 问卷调查

● 目标系统问卷调查

这份调查问卷面向家长和学生，在家长会现场填写，供家长与学生在现场深度交流使用。

尊敬的家长朋友，亲爱的同学们：

为了切实达到家长会效果，需要你配合完成下面的调查问卷。试题都是单选题，请选择你最认可的选项。

第一部分：远景目标（指向高考）

1. 你对高考的期望是怎么样的？

　　A. 双一流　B. 本科　C. 高职高专

2. 你认为你/孩子要想达到高考目标，最困难的科目是哪一科？

　　A. 语文　B. 数学　C. 英语　D. 物理　E. 化学　F. 生物

　　G. 政治　H. 历史　I. 地理

3. 接下来的高中生活中，你最担心你/孩子出现下面哪方面的问题？

　　A. 人际关系矛盾　　　B. 与异性非正常交往

　　C. 学业成绩大幅波动　D. 精神状态萎靡不振，荒废青春

第二部分：中期目标（指向本学期期末/期中考试）

4. 你对你/孩子期中考试的期望是怎么样的？

　　A. 班级前 30%　B. 班级中间 30%　C. 进步就行　D. 其他

5. 你对你/孩子期末考试的期望是怎么样的?

  A. 班级前 30% B. 班级中间 30% C. 进步就行 D. 其他

第三部分：近期目标（指向每周/每天学习）

6. 你对你/孩子日常学习的期望是怎么样的?

  A. 消化课堂所学之余，还能进行补弱

  B. 能消化课堂所学，高质量完成作业

  C. 能跟上教学进度，尽量完成作业

  D. 其他

7. 你对你/孩子每周学习的期望是怎么样的?

  A. 利用周末及时小结，并进行补弱和预习

  B. 能消化课堂所学，偶尔进行周末小结和预习

  C. 能及时复习课堂所学并完成作业

  D. 健康快乐地生活

● **高二学习生活的前概念调查**

在家长会前三天，利用问卷星在家长群进行家长会前调查，问卷内容如下。

1. 你家孩子的性别是（ ）

  A. 男 B. 女

2. 你通过身边亲朋好友了解到的高二是什么样子？请用一句话进行表述。

_____

3. 你最担心高二出现什么情况？请用一句话进行表述。

_____

4. 关于高二学习生活，你最想了解什么？请用一句话进行表述。

_____

班主任收集上述问卷调查所获得的信息，并结合带班经验，编导情景剧。

2. 材料准备

装饰中央广场。在中央广场（或学校某空旷场所）寻找合适的位置，分

别饰以原点、太阳、月亮、黑洞等图案。

3. 环境准备

搞好教室卫生，更新室内外文化宣传栏；准备好足够的桌凳，扩大座位间距，便于家长和学生就座。

4. 其他准备

（1）印制会议所需资料，一个家庭两份。将问卷和信封提前放置在学生桌面上。

（2）选好学生志愿者，一部分负责导引家长，另一部分精心排练"航向"情景剧。

（3）任课教师录制学法指导视频；利用问卷星完成前概念调查；制作电子邀请函发布到微信家长群；制作 PPT 课件。

会议过程

第一环节　寻航——揭秘高二

1. 活动说明

家长会集合地点：学校中央广场。

班级志愿者迎接家长并引导家长至广场上的原点 O 位置，与班级其他成员相聚，等待观看情景剧。

情景剧说明：如下页图，以广场某建筑为原点，以醒目位置为目标点位。其中目标点位 1 饰以太阳形象，寓意"圆梦"；目标点位 3 饰以黑洞的形象，寓意"噩梦"；目标点位 2 饰以月亮形象，寓意"现实"，介于圆梦和噩梦之间。

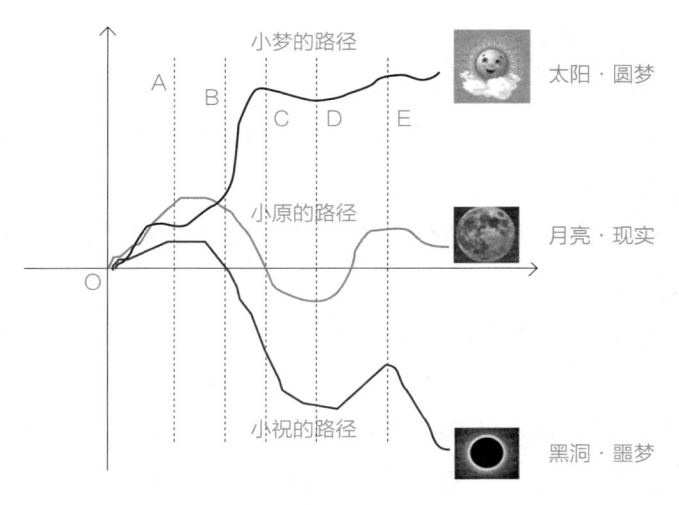

"航向"情景剧示意图

三名学生志愿者小祝、小原、小梦，按剧本进行表演。主持人小智通过对话，显化情景。

2. 情景展示

情景剧剧本如下：

小智：请问，你们的目标是哪里？

三名志愿者：当然是"太阳"，这还用问？！

（三名志愿者同时出发。）

小智：大家刚出发，现在看不到有什么区别。

小智：大家基本上都到了 A 区，行动有所放缓。我来采访他们，看看到底出现了什么情况。

小祝：现在难度越来越大，节奏也越来越紧张，我快喘不过气来了，我想歇一歇。怪我底子太薄弱，也怪老师们讲得太快。

小原：是的，节奏越来越快了，我也快喘不上来气了，但是我还不想放弃，我要坚持住。

小梦：节奏太快了，我也很难受呀，所以不得不放缓步伐调整一下自己，让自己适应这种节奏。

（一段时间后。）

小智：现在大家都到了 B 区。小原和小祝出现了拐点，与小梦的差距开始体现出来了。

小梦：我调整好了。我已经完全适应了现在的节奏，真的是又充实又开心。我的感觉棒极了！

小原：我很羡慕小梦。我没有进行方法调整，我要坚持住，我想要"太阳"。

小祝："太阳"，谁不想要？实事求是地说，教育体制对我不友好，老师们就没有等一等我的意思。无法到达"太阳"，错不在我。

（一段时间后。）

小智：现在大家都到了 C 区。小祝，你的目标不是"太阳"吗？但是你现在怎么一直朝着"黑洞"的方向走，好像还越来越快了？……

小祝：谁不想要"太阳"？但是也要认清现实，我并不是学习的料，我是教学的牺牲品。小梦天赋异禀，我自然不能跟他比。小原还在那里傻乎乎地浪费时间，他智商还没有我高呢，还不如像我这样过一天乐呵一天。

小智：小原，你听到小祝说的了吗？

小原：听到了。小祝确实挺聪明的，但是我不认为是教学的问题。我认为只要坚持，总会有收获，最起码不至于跌落"黑洞"。我现在好难呀，我想要"太阳"……

小智：小梦，你现在感觉怎么样？

小梦：你应该看到了，我正朝着"太阳"全力冲刺。我现在感觉棒极了。一开始我还担心自己的梦想遥不可及，现在看来，积极调整自己，主动作为，成效果然显著，老师诚不欺我。

（一段时间后。）

小智：现在大家都到了 D 区，他们差距越来越大了，很难想象他们是从同一个原点出发的。请问大家，现在怎么都放缓脚步了？

三名志愿者：疲劳了，需要新的刺激。

（一段时间后，老师开展了一些活动，调动大家学习积极性。）

小智：大家都到了 E 区，情况出现了好转。小祝，你现在情况不错，分享一下吧。

小祝：是的，教育刺激很好，我也要向"太阳"冲刺！但是，老师们还是不等我，就不能把以前讲过的东西再讲一遍吗？我身边还有一群不着调的朋友。我想向"太阳"冲刺，但是……

小智：小原，你感觉怎么样？

小原：我前期底子不好，又没有及时调整自己，错失了良机。虽然我智力不算优秀，但是得益于我一直在坚持，所以我不至于坠入"黑洞"。

（最终，小梦顺利抵达"太阳"，圆梦成功；小原凭借着他的坚持，也收获一捧"月光"；小祝在最后一次反弹失败后，加速坠向"黑洞"。）

过渡： 各位家长、同学，情景剧结束了，请跟随志愿者到教室指定位置落座。

设计意图： 通过表演情景剧，显化高二的迷茫和分化，引导家长和学生深思，为家长会做好铺垫。

第二环节　思航——剖析高二

1. 活动总结

（PPT 出示："航向"情景剧示意图。）

师：大家好，刚才我们观看了一段充满寓意的表演。我相信大家看出来了，这演出的就是我们的高中，尤其是高二生活。这段表演，是我结合多年班主任工作经验精心编排的，它从侧面解答了各位家长"高二是什么样的、会遇到什么困难"的问题。现在，请家长和学生分别填写调查问卷。

"航向"情景剧总结

（1）小梦篇：

你认为小梦是否"成功"？

A. 是　B. 不是

请分析主要原因，并阐释你的想法。

（2）小原篇：

你认为小原是否"成功"？

A. 是　B. 不是

请分析主要原因，并阐释你的想法。

（3）小祝篇：

你认为小祝是否"成功"？

A. 是　B. 不是

请分析主要原因，并阐释你的想法。

预设：学生和家长填写结束后，交换问卷，交流讨论。引导家长和学生将内容整合，完善语言，并通过下面的游戏，分享填写的内容。

师：考虑到家长处于陌生环境比较拘束，还考虑到家长希望看到孩子发言的心情，在这里特意进行一个小游戏，既活跃氛围，又让学生充分表达观点。

游戏方法：各位家长打开手机微信，点开家长群，点击聊天表情中"骰子"的表情，点数最大者发言。

2. 活动升华

学生和家长对情景剧进行总结和交流后，请家长和学生结合初步分析的结果，针对情景剧中三位同学的表现，总结提炼关键词，并填写关于"航向"情景剧提炼升华的问卷。

要求：书写时用红黑两种颜色的笔迹。黑色笔迹表示负面含义，红色笔迹表示正向含义。每个家庭写完后，由家长拍照上传到家长群。

由学生、家长和老师三方共同努力，针对家长群中大家书写的关键词进行汇总、整合，并最终由班主任在黑板上进行板书。

小梦：坚持、乐观、适应……
小原：调整、坚持……
小祝：反思、自信、坚持……

师： 各位同学，这些关键词就是我们面对高二时的"法宝"了。请大家在以后的高二生活中，谨记这些"法宝"，修炼更强大的精神内核。萨提亚说："改变是进步的起点。"遇到困难时要主动改变自己，这一点小梦就给我们树立了良好的榜样。接下来的时间里，大家要对照情景剧，思考孩子面临的是三名志愿者中的哪一种情况，并及时地进行提醒、矫正。情景剧反复提到教学节奏紧张的问题，这又是怎么回事呢？我们请来了物理老师现场说"法"。

3. 教师说"法"

多媒体播放学科教师录制的视频。教师从自己学科的角度，介绍高二学习的主要内容、重点难点章节，并对学生提出基本的学习要求，尤其介绍高二与高一的不同点。

物理教师： 高二物理与高一时相比，抽象性和学习难度会突然加大，抽象性更强，建议物理学科比较薄弱的同学提前预习。高二物理的学习，要适当练习，及时巩固所学知识；要多总结分析，积累经典题并时常翻看，深化我们对知识的理解；要多问几个为什么，深入钻研物理本质，这一点比高一的要求更高了。

过渡： 通过对情景剧深入分析，我们对高二生活有了更加深刻的认识。接下来，让我们一起定好航向，掌握"法宝"，开始高效巡航。

设计意图： 对情景剧进行总结，得出高二高效巡航、拒绝迷茫的"法宝"，提升家长和学生的认知深度。

第三环节　定航——拒绝迷茫

1. "灯塔"定航

我们都想要太阳,但是怎样才能实现呢?

1984年东京国际马拉松邀请赛中,名不见经传的日本马拉松选手山田"凭借智慧战胜对手"夺得冠军。后来山田又多次夺得马拉松比赛桂冠。原来,他的智慧是每次比赛前都提前做好规划,将比赛路程分割为几段相对比较小的赛程。这样,40多公里的赛程就被几个小目标分割了,山田跑起来也就没有那么累了。

师: 这个故事告诉我们,要将目标进行分割,形成目标系统,这样我们就既知道要去哪里,又知道怎么去。

2. "嫁接"梦想

师: 前面我们填写了几份调查问卷,现在请学生和家长交换问卷,充分讨论,达成共识,将讨论内容填入"梦想"登记表。请注意,讨论中要坚持"求同存异"的原则——讨论时尽可能"求同",实在不能达成共识,可以在备注栏目"存异"。

在《我的未来不是梦》的音乐氛围中,家长和学生分别填写"梦想"登记表。

表格样式如下:

目标类别	目标内容	备注
远景目标		

续表

目标类别	目标内容	备注
中期目标		
近期目标		
填表人：		

表格说明：
"目标内容"需填写达成共识的具体内容。
"备注"栏可登记需要补充的问题。
"填表人"分别填写学生和家长姓名。

3. 封装仪式

（PPT 出示封装"梦想"登记表的步骤。）

第一步，请全体同学起立，面向家长。

第二步，请家长将"梦想"登记表折叠好，起立，双手交给孩子。

第三步，请学生双手接过"梦想"登记表，放在胸口。请各位家长拿起信封。

第四步，请学生将"梦想"登记表放进信封（家长手持信封）。

第五步，家长将信封密封好，然后与孩子面对面。

第六步，家长双手将信封交给孩子，学生双手接过信封，家长与学生握手、拥抱，坐回原位。

过渡： 有了目标体系，我们的行动更有力。接下来，我们提供一个方法技巧，为高二"巡航"助力。

设计意图　本仪式在《我要飞得更高》的音乐旋律中进行，以引起学生和家长的充分重视，完成对"梦想"登记表中目标系统的升华，掀起家长会小高潮。

（说明：学生是家长的血脉传承，这是生命的统一方面；但是，学生与家长又互为独立的生命个体，目标存在差异。本部分借用生物学概念，将学生与家长的目标嫁接起来，更有利于生命融合。我们所谓的嫁接是一种互为主体的嫁接。）

第四环节　巡航——奔向"太阳"

师：巡航，指飞机完成起飞阶段进入预定航线后的飞行状态。发动机每公里消耗燃料最少情况下的飞行速度，称为巡航速度。（百度百科）

1. 趣味调查

师：下面是生活中的四句话，请家长和学生进行优先级排序。优先级越高即家长和学生认为在生活场景中最应该出现、最受欢迎。（PPT 出示）

1. "赶紧写作业去，写完赶紧睡觉！"
2. "你的物理学科是你的薄弱学科，得投入更大的精力。"
3. "洗脸的时候，记得把耳朵后面也洗一洗……"
4. "快点快点，教一下妈妈这个手机截屏怎么搞！"

师：各位家长和学生将优先级排序写在纸上，并拍照上传到微信群，然后请大家进行交流分享。

2. 方法指导

家长和学生的精力都很有限，我们需要精进时间管理能力。因此，向家长讲授时间管理矩阵。（PPT 出示）

```
                    ↑ 重要性
                    |
2."你的物理学科是你的    |   1."赶紧写作业去，写完
薄弱学科，得投入更大的   |   赶紧睡觉！"
精力。"              |
                    |                  紧迫性
--------------------+-------------------→
                    |
3."洗脸的时候，记得把   |   4."快点快点，教一下妈
耳朵后面也洗一洗……"    |   妈这个手机截屏怎么搞！"
                    |
```

师：2号很重要，但是并不紧迫。它往往是战略性的，家长朋友一定要格外重视这类问题。1号很重要也很紧迫，这往往是由2号问题拖延而成，拖延会降低解决问题的质量，家长要督促孩子减少拖延。3号既不重要又不紧迫，这是家长和孩子都要尽量减少的。4号很紧迫但不重要，这类问题家长需要帮助孩子挡一挡。

师：越是长远的目标，紧迫性越弱，但是重要性越强，家长督促的作用越重要。请家长扮演好监督人的角色。

过渡：有了目标，又有了方法，我相信咱班学生的高二生活一定能够高效巡航。

> **设计意图** 为了保证学生在高二乃至高中阶段高效巡航，需要家长参与、督促。本环节介绍了家长参与、督促过程中的一些方法和技巧，用以提升学生和家长的时间管理能力，夯实高二巡航的认知基础。

| 会议总结 |

通过这次家长会，大家清楚了高二需要的精神内核，也有了稳固的抓手——目标系统。接下来，让我们一起，向着太阳，高效巡航吧！

会议延展

（1）将信封带回家，每隔一段时间一家人重温一下，凝聚家庭的力量。

（2）期中考试和期末考试以后，班级会对目标完成情况进行统计，请家长做好提醒和督促。

（河南省济源第一中学　田俊江）

10. 女生教育:
做个美丽的女生

背景分析

2020年新修订的《中华人民共和国未成年人保护法》第十五条明确规定:"未成年人的父母或其他监护人应当学习家庭教育知识"。随着青春期的孩子向纵深发展,迈入高二年级的花季女生在生理和心理上都发生了微妙的变化,她们开始注重"梳妆打扮",求美情趣"见长"。然而,部分女生青春审美知识比较匮乏,审美品位"良莠不齐"。此时,部分孩子家长对孩子的健康成长助力不够,缺乏对孩子审美的正确引导。因此,开一场女生家长会,势在必行。

本次家长会参与对象是高二女生及其家长,活动时间是11月初。

会议目标

目标	家长	学生
知识层面	了解孩子青春变化特征,知晓女生青春期求美问题。	了解自身身心特点,掌握美丽女生知识,懂得正确的审美。
能力层面	提升与孩子沟通的技能,增强审美意识,提高家庭育人层级。	提高健康素养,加强"两性"协调能力,提高鉴美能力。

续表

目标	家长	学生
态度层面	尊重孩子，重视对孩子的教育引导。	提高孩子审美品位，树立正确的人生观和价值观。

会议准备

1. 问卷调查

尊敬的各位家长：

大家好！针对女生青春健康美丽、审美品位、价值追求等家庭教育问题，今天，我们将做一个问卷调查，请您如实填写。如果涉及隐私，我们一定帮您保密，请放心。

1. 平时，您与女儿沟通过穿着打扮、文明礼节、审美倾向等方面的内容吗？
    A. 经常沟通　B. 很少沟通　C. 很难沟通
2. 您了解女儿身心健康变化情况吗？
    A. 非常了解　B. 很少了解　C. 顺其自然
3. 在社会新闻中，您关注过青春期女孩受害事件新闻吗？
    A. 时常关注　B. 很少关注　C. 没有关注
4. 您看过青春期女孩教育纪录片或家长教育教法文章吗？
    A. 经常看　B. 偶尔看　C. 不看
5. 您是否与其他家长探讨过青春期女生有关美丽的话题？
    A. 经常聊　B. 偶尔聊　C. 不聊
6. 您坦然与孩子交谈过有关青春安全防护、男女交往的话题吗？
    A. 时常交谈　B. 偶尔谈论　C. 从不谈论
7. 您是否与孩子探讨过学业追求与理想价值问题？
    A. 经常　B. 偶尔　C. 不谈
8. 作为家长,您为青春期美丽健康的孩子做了哪些方面的努力？（可以多选）
    A. 身心健康　B. 学识修养　C. 勤学奋斗　D. 男女生交往　E. 价值导向及其他

9. 如果我们要召开女生教育家长会，您喜欢什么样的形式？

    A. 讲女生教育知识　B. 教家长教育方法

    C. 提供个别咨询辅导　D. 综合运用多种形式

10. 作为家长，在孩子健康美丽成长过程中，您有哪些方面的困惑？您需要什么样的帮助？

---

2. 材料准备

视频、PPT、粉笔、便条、歌曲《我是女生》、青春美丽成长知识清单。

3. 环境准备

装扮教室、设计门语、出一期黑板报、准备音乐等。

4. 其他准备

（1）班主任提前阅读《养育女孩》《拯救女孩》《正面管教》《学生青春期安全知识》等书籍及女生教育主题相关文章，与班委共同设计家长会的流程与具体事务。

（2）熟悉家长会流程与台词。

（3）班委筹备个性化家长邀请函，班主任进行女生美丽健康讲座，邀请大学生师姐进行男女交往建议分享，邀请优秀家长代表进行交流分享。

（4）文艺委员负责起草文案，且与同学共同商讨，班主任最后审核。

会议过程

会前暖场： 全班女生吟唱："我是女生　漂亮的女生／我是女生　爱哭的女生／我是女生　奇怪的女生……"

师： 尊敬的家长、亲爱的同学：大家好！高二学习生活已经开启两个多月了，已经迈入花季年华的同学们，在繁忙的学习之余是否了解青春期健康安全防护知识？我们女同学的审美品位与家长的追求是否存在偏差？我们是否关注了孩子的身心变化，对其青春期健康安全守护是否到位？今天，我们相聚一堂，一起来讨论和交流有关女生健康美丽成长的话题。此外，我们还特邀大学生师姐与大家一起探讨。

过渡： 青春期的同学们，对美"追逐"不止。下面，请看我们同学们"逐美"的样子。

设计意图 开场时，同学们一起吟唱《我是女生》，活跃了现场氛围，从而自然而然地引出本次家长会的主题。

第一环节　聚焦——认知"美"的问题

1. 图片展示活动：看看我们同学们"逐美"的样子

各类图片层进式播放。

文字描述：部分女生非名牌服饰不买，有的女生携带化妆神器，每天浓妆淡抹；有的女生佩戴首饰、耳鼻装饰品在学校"招摇过市"，认为自己很美，有魅力；有个别女生在放假期间，模仿"时尚女郎"，穿着破几个洞的牛仔裤，文身，染着多彩的头发，穿着露肚脐的紧身衣，炫酷、比美；有的女生，乱吃减肥药，为的是拥有"魔鬼身材"；甚至还有少数女生，舍弃宝贵的学习时间，花大量精力与物力频繁到医院整容，期望自己更加"美丽动人"。

师： 图片中的女生，你认为美吗？家长和学生们对社会上频繁出现的审美"偏差"态度是怎样的？说出你们的想法。

2. 自由讨论
预设：
（1）同学们说出自己的看法。

（2）家长们进行评价，并分享家庭女孩审美引导经验。

师： 女孩子，谁都希望拥有美丽的容颜。通常大家公认的外表美的标准包括：身材苗条，面容俊秀，皮肤白皙，双眼皮，大眼睛……虽然不同人也有各自不同的看法，但仅靠外在颜值和新奇着装博取眼球，这不是真正的美。我们的女生对美的追求，无可厚非，这也是人之常情。但过度关注自身的外形，一门心思靠服饰等外在的物品装扮自己，甚至"修剪"自己，不仅耗费我们同学大量宝贵的学习时间和精力，而且还会对心理和身体造成伤害。

过渡： 爱美之心人皆有之。靠外物堆砌的"美"，不会长久，也不可持续。下面让我们一起感知什么才是女生的"美"。

设计意图 通过真实生活中女生"逐美"的样子，让大家聚焦女生教育中的焦点问题——"美丽"问题，激发大家思考什么样的女生才美丽，怎样让女孩美丽，启发家长思考如何对女孩进行教育。

第二环节 感知——体验"美"的意蕴

1. 视频展示：寻找身边的美丽女生

案例1：北京冬奥会最美女神谷爱凌。

谷爱凌，女，2003年出生于美国，斯坦福大学学生，中国著名滑雪运动员。她颜值高、才艺多、性格好、成绩棒，她身上有很多标签——"天才少女""学霸""最美冠军"等。2022年谷爱凌夺得北京冬奥会自由式滑雪女子大跳台金牌。2022年12月26日，谷爱凌晒出了在斯坦福大学首个学期的成绩单，结果全科满分。

案例2：2021年感动中国最美女孩江梦南。

江梦南，女，瑶族，1992年出生在湖南，感动中国2021年度人物。她半岁时，失去了听力。从此，江梦南陷入人生困境。为了让女儿病好起来，让她更好地适应社会，自由地融入社会，江梦南的父母决定教她发音和学习文化知识。此后，江梦南在父母的鼎力支持下，一步一个脚印坚强地跨过了人生中重重困难，学会了独立生活和独立学习。学业成绩优异的她，顺利地考入吉林大学。2018年，江梦南考入清华大学生命科学学院，成为一名博士研究生。

师： 大家回忆自己身边，是否还有其他优秀女生的精彩故事？像谷爱凌、江梦南这样的女生美不美？美在哪里？

2. 自由讨论

预设：
（1）同学们说出自己的看法。
（2）家长们进行分享。

预设： 学生积极分享身边美丽女生的故事，有的心地善良、乐于助人，有的品学兼优、奋发向上。最后概括最美的女生应该内外兼修、表里如一。

3. 选词活动：美丽女生自画像

师： 亲爱的家长、同学们，下面我们放松一下身心，做一个选词游戏，来描摹我们心中的美丽女生。（PPT出示）

身心健康、清纯善良、品学兼优、勤学奋进、冰清玉洁、雅言雅行、花颜月貌、阳光热情、贤良淑惠、秀丽端庄、活泼可爱、学识渊博、品德高尚、乐于助人、独立自强

过渡： 我们初步感知美丽女生的特质，下面我们格物致知，进一步探寻"美"的内涵。

> **设计意图** 通过分享两位知名"美丽女生"的例子,让大家形象体验女孩的"美"的意蕴,激发同学们对"美"的思考,启发家长思考如何对女孩进行有效家庭指引。

第三环节 致知——明晰"美"的内涵

1. 经验分享活动:家长分享"美丽女生"养成记

预设: 家长积极分享着装礼仪、身心健康、勤学奋斗、学识修养、待人接物、精神品质等方面的育女成功心得。

2. 班主任"识美"微讲座

师: 据美学相关知识,人体美可以由三个层次构成:一是身体的形式美,这是从人的身高、体重、胖瘦等身体构成比例来呈现的形态美;二是自身的装饰美,这是通过外在的服饰、化妆等技术手段呈现的美;三是内在蕴涵的精神美,这通常表现为良好的性格、友善的情感、乐观的心态、充满正能量的道德品质等,这也被称为心灵美、性格美等,是一个人深层次的美。

社会越来越包容,越来越能欣赏不一样的美。但是,几乎所有的美都是分对象、分场合的。对高中生的穿着,国家有明确的要求:不烫发,不化妆,不佩戴首饰,不穿高跟鞋(《中学生日常行为规范》)。(PPT 出示)

"美丽"小知识

(1)着装得体。作为高中生,女孩子着装应该以简洁、朴实、大方为主。特别是在校园里,女生不应佩戴过多或过于招摇的饰物,应着校服,应以自然、朴素为美。

(2)仪容仪表。有些女孩,个人形象不错,可对自己行为习惯上要求甚少,导致不美。有个别女生颜值很高,长相可人,可是听其言,满口脏话,还随地吐痰。你认为,这样的女生美吗?

(3)自立自强。你可能没有爹妈给的美丽容貌,但可以拥有后天学得的知识与修养。要知道，积累知识的过程就是对自身潜移默化影响的过程，它可以提升你的气质，使你聪明睿智、博大胸怀、独立自强，从而让你变得更加美丽动人。

3. 家庭教育推荐清单

网站：家庭教育网、当代家庭教育网、中国教育在线等。
公众号：女孩派、女孩教育、家庭教育、家庭教育云课堂等。
书籍：《养育女孩》《性别的战争》《男孩穷养 女孩富养》《最棒的女孩》《正面管教》《父母是孩子最好的老师》《卡尔·威特教育全书》。

过渡： 大家理解了女孩的美丽不仅体现为外在美，还体现为健康美、心灵美、性格美、学识美、精神品质美等方面；下面让我们对照"美"的内涵，复盘我们为美丽人生所做的努力。

> **设计意图** 班主任通过对"美"的理性剖析、家长的分享，让大家理解女孩的美丽不仅关乎外在容貌，更重要的是内在的心灵美、性格美、学识美、精神品质美，从而提升同学们对"美"的认知视野，启发家长对女孩进行有效教导。

第四环节 践行——提升"美"的层级

1. 家长和学生填写自评表

（1）女生"美丽"量化自评表：

"美丽"类别	分值	自评	备注
体形匀称	10		
身心健康	10		

续表

"美丽"类别	分值	自评	备注
着装得体	10		
雅言雅行	10		
勤学奋斗	10		
学识底蕴	10		
人格独立	10		
责任当担	10		
温柔善良	10		
品德修养	10		

（2）家长助力女孩"美丽"量化自评表：

"美丽"类别	分值	助力自评	备注
体形匀称	10		
身心健康	10		
着装得体	10		
雅言雅行	10		
勤学奋斗	10		
学识底蕴	10		
人格独立	10		
责任当担	10		
温柔善良	10		
品德修养	10		

2. 分组交流："扬长避短"

师： 下面请父母与孩子促膝交谈，诉说各自角色扮演的得失，畅想将"美丽"蓝图进行到底。

预设： 部分家长对孩子着装不太在意，更多的是关注孩子的学业成绩；有的家长只是聚焦孩子的胖瘦、学业水平，轻视孩子的人格独立、责任担当等。

3. "排忧解难"活动：化解高质量"美丽"途中的"坎"——女生人格独立

（1）聚焦问题：收集家长们有关美丽女生教育中共同的瓶颈问题——女生人格独立意识缺乏。

人格独立意识缺乏表现： 在起居生活上，依赖于父母，不能独立自主；在学习上，"言听计从"于师，独立思想缺乏；在异性关系上，"随波逐流"于时下，没有自己独立的研判与独立精神。

（2）解决问题。

①家长朋友们出谋划策，积极发言（家长代表发言）。

预设： 父母需要"断奶行动"。整理闺房、洗衣做饭、居家卫生等孩子力所能及的事情，放手让孩子独立去做，培养孩子的独立生活自理习惯，不依赖父母，应有自我独立生活意识和技能。

②师姐的建议。（PPT 出示）

师生要"平等对话"。"尽信书，不如无书"，我们要"不唯上，只唯实"。在人格上，女生与老师是平等的，要有自我的独立思想，自我定位，自主学习，自我选择，自我发展。

男女生要"相互尊重"。家长朋友们，要引导孩子树立正确的异性交往观：男女生交往要以提高学习为目标，要相互尊重、合作互助，掌握分寸，注意交往方式、场合、时间和频率，化爱慕为纯洁的友谊，通过"异性效应"不断促进和提升自我。

| 设计意图 | 通过对照"美丽"量化自评表和分组交流，让家长与同学们在复盘"美丽"蓝图中盘点得与失，解决提升"美丽"层级的障碍，不断优化和升格"美丽"蓝图。 |

会议总结

尊敬的家长朋友们，亲爱的同学们，高二是女生青春期重要的阶段。我们要守护好女生美丽的底线，着装得体、雅言雅行，正确处理好男女生关系，争做健康向上、热爱生活、人格独立、优雅美丽的女生。希望家长朋友正确地引导孩子，鼓励孩子，鞭策孩子，让孩子不仅着装美，更重要的是学识美、性格美、心灵美、品质美。

会议延展

（1）请家长、孩子根据家长会的内容，各自给对方写一封信，谈谈对美的认识和期待，写出对对方的期待，并互相赠送，进行交流。

（2）老师针对个别女生或者家长的困惑，课后适时进行个性化辅导。

（3）利用企业微信进行会后复盘总结，答疑解惑，经验交流。

（4）不定时推送有关女生家教的书籍与网站。

（湖北省武汉市江夏区金口中学　周志宏）

11. 男生教育：做个靠谱的男生

| 背景分析 |

《中华人民共和国未成年人保护法（2020年修订）》第十五条规定："未成年人的父母或者其他监护人应当学习家庭教育知识，接受家庭教育指导，创造良好、和睦、文明的家庭环境。"

高一结束后，已有不少男生陷入迷茫，表现为行为浮躁、与家人争吵、成绩下降等，甚至做出许多不靠谱的事情。很多家长也对此感到困扰，纷纷向老师诉苦、求助。

高二上学期期末，我们尝试召开一次家长会，要求男生及父母参加。

| 会议目标 |

目标	家长	学生
知识层面	认识靠谱的涵义，了解成为靠谱的人要具备哪些素养。	认识靠谱的涵义，知道成为靠谱的人的努力方式。
能力层面	能提供合适的策略，并能创造良好的环境。	能付诸努力成为靠谱的人，能表达自己的要求和感受。
态度层面	愿意同孩子一起成长、一起努力。	愿意在师长的帮助、监督下努力成为靠谱的人。

会议准备

1. 问卷调查

各位家长：

大家好！

为了了解高二男生客观、真实的情况，便于老师进一步开展男生教育，我们设计如下问卷。本问卷采用匿名方式，所有信息不会外泄，请您配合如实填写，谢谢参与！

1. 您认为儿子是否存在缺点？（　　　）

    A. 没有　B. 有　C. 有一些，仍需改进

2. 您认为儿子是否靠谱？（　　　）

    A. 不靠谱　B. 靠谱　C. 时而靠谱，时而不靠谱

3. 当孩子不靠谱时，您会刻意冷静之后再与孩子沟通吗？（　　　）

    A. 不会　B. 会　C. 尽量冷静，要有效沟通

4. 您对儿子成长的看法是怎样的？（　　　）

    A. 自己成长　B. 完全听家长的　C. 家长应与孩子一起成长

5. 您眼中靠谱男生应该是怎样的？（可多写）

---

2. 材料准备

会前调研汇总"靠谱男生的典型性格、气质等"关键词。

3. 环境准备

（1）场地内座椅按 U 型摆放，三面坐人，一面放多媒体。

（2）会场外放置主题宣传海报和班级男生各种活动时的照片、说明。

（3）播放《少年中国说》、《一路前行》、《孤勇者》（北大版）。

会议过程

会前暖场： 伴着背景音乐，家长们观看男生各种活动的视频。

师： 各位家长朋友，感谢您百忙中抽出时间参加本次家校沟通交流会议。这次交流的话题是"做个靠谱的男生"。

第一环节　案例研讨——把握准则话靠谱

1. 活动：调研报告展

师： 青春期男生情感需求增强，有的男生会刻意通过外在打扮和怪异行为吸引异性注意。事实上，很多男生并不清楚女生青睐的男生特质是什么。此次会议前，我对班级女生进行了一次调研，大家一起来看看女生心目中的"男神"形象是怎样的。（PPT 出示：我班女生最不喜欢和最喜欢男生的行为、性格。）

女生	最喜欢的行为、性格	最不喜欢的行为、性格
女1	长得好、干净、情商高	邋遢、暴脾气
女2	爱干净、有担当、三观好	碎嘴、多情
女3	有责任、有担当、守信、理智	懒惰、刚愎自用
女4	灵魂有趣、懂礼貌、情商高	自大、吹牛
女5	整洁干净、有分寸、有想法	爱表现、没主见
女6	自信、干净、不多嘴	哗众取宠、自以为是
女7	坦荡、谦让、开朗	爱吹牛、好惹事
女8	情商高、办事利落	情商低、爱骂人、不爱干净

师： 女生最讨厌的是自以为是、自吹自擂的男生。当他们"侃侃而谈"，以为自己的"卓识"正惊艳其他人时，没有注意到女生的白眼；当他们沉迷于穿名牌鞋，对父母大喊大叫时，没有注意到他人的不屑；当他们在课上接

话、乱开玩笑时，没有注意到爱学习的同学早已不满……他们眼中的自己自信优雅、卓尔不群，在他人看来不过是"跳梁小丑"。

师：正所谓见微知著，从孩子们的言行中，我们就可以看到一个男孩子是否靠谱。下面，我们再通过两个案例，看一看男生在校园中的不靠谱事件。

2. 活动：反面故事会

有一男生丁某某，不知道因为什么原因想回家（他家离学校不太远），他模仿班主任笔迹签批了一张请假条交给门岗保安。事情败露后，经调查发现，他模仿班主任笔迹签批请假条不是一次两次了。

师：请大家讨论一下，这个丁同学靠谱吗？

预设：有的家长可能会责备丁同学；有的可能会认为老师应严肃处理，以防止这类事件再发生；有的家长可能点出诚信观念的重要性。

师：刚才讨论中有不少家长提到"诚信"这个话题。"人无信而不立"，我们的孩子要想走得更远，变得更靠谱，就必须具备诚信意识。不管孩子此刻是否诚信，我们家长都应该去耐心引导他做一个诚信的人。犯错的孩子可以被原谅，但是犯错不改，甚至还"振振有词"的孩子长大了会被社会惩罚，付出更大的代价。

师：其实，在孩子们的成长过程中，不仅诚信问题需要被重视，还有其他一些关键的问题需要家长朋友们的注意和重视。下面，我们来看第二个案例。（PPT 出示）

年级举行接力跑比赛，当天下午班长刘某在班值日。

2:00，我和值日班长刘某交代了一下工作，按年级要求，除运动员和服务员到操场外，其他同学在班自习，其间有学生会成员检查巡视。问他能不能按要求处理好，他的回答是肯定的。

3:00，我在操场看了一会儿，不放心自习纪律，就返回教学楼，在路上看到应该自习的学生也向操场跑去。我非常"愤怒"，责问他们："你们不在教室好好自习，到操场干什么？"学生回答说："班长让我们到操场给比赛的同学加油。"

等我到班里一看，一个学生也没有，全到操场去了。

师： 请大家讨论一下，这个刘某靠谱吗？

预设： 有家长认为班长的错误可以理解，也有家长表示班长并没有负起责任，也没有诚信意识。经过激烈讨论和老师指引，家长与老师共同总结出靠谱男生的关键词。

师： 在孩子高中生活中，家长也扮演着重要的角色，陪伴的时间也很长。欢迎家长吐槽自家孩子的"不靠谱"事件，同时也请您分享一下自己认为的男孩子靠谱特征有哪些。

预设： 部分家长分享了自己家孩子的一些不靠谱表现，部分家长总结了靠谱男生的特征。

师： 通过以上活动，我们已经总结了很多"靠谱点"，再结合家长的看法，我把这些"靠谱点"归纳为以下十点。（PPT 出示）

靠谱男生特征：干净整洁、举止大方，自强不息、胸怀开阔，与人为善、严于律己，谨慎周全、顾全大局，言而有信、敢作敢当。

师： 成为一个靠谱的男生不容易，它需要家长的督促，孩子的克制，老师的引导。只有我们三方共同努力，孩子才会长成一棵"参天大树"，挺拔巍峨、胸怀博大，能为他人遮风挡雨。

过渡： 孩子们现在一些不完美的行为还可以被修正，今后还可以更优秀。而修正行为的第一步是找到问题，下面我们以一张量化表格来找找自家孩子的问题。

设计意图：通过调查结果展示和案例研讨总结，归纳出男生应具备的"十大靠谱点"，为家长培养靠谱男生提供方向。

第二环节　漏洞查找——查漏补缺促成长

1. 活动：填写评估表

师：请大家根据自家孩子的情况，结合总结出来的靠谱点，评价自家孩子，填写表格。若完全符合则 +10 分，若部分符合 +5 分，若不符合 +0 分，总分为 100 分。

靠谱点	分值	家长评价
干净整洁	10	
举止大方	10	
自强不息	10	
胸怀开阔	10	
与人为善	10	
严于律己	10	
谨慎周全	10	
顾全大局	10	
言而有信	10	
敢作敢当	10	

2. 活动：查找优缺点

师：我们已经知道了靠谱男生的特点，也对自家孩子进行了评价。下面，请各位家长结合"量化"活动的得分情况，交流探讨自家男孩的优缺点。

预设：一些家长代表主动分享孩子在家庭中的一些担当和作为，同时也指出了孩子的不足。

师：几位家长的发言让我们看到了要想成为靠谱的男生需要从思想、学习、沟通、合作等方面进行加强。为此，我设计了一个关于如何培养"靠谱男生"的表格。（PPT 出示）

思想道德	道德素养	意识	关心大事，有正确的人生观和价值观。
		行为	尊长爱幼，文明礼貌，守信助人。
	公民素养	意识	有法律意识，有公德意识。
		态度	有集体荣誉感，对自己的言行负责。
		行为	遵纪守法，遵守公共秩序。
学习创新		情感	求知欲旺盛，学习兴趣浓厚，能主动学习。
		能力	能发现和解决问题，能分析、搜集、整理、使用信息，能独立学习、能合作处理任务。
		方法	目标合理，习惯配套，方法正确，善于反思。
		表现	课堂表现良好，作业保质保量，成绩合格。
交流合作	分工协作		为共同目标能分工、团结、协作。
	决策能力		能多角度分析、思考问题，并能合理决策。

过渡：明确不足，改进不足，才能让孩子逐步成为靠谱的男生。而改进需要漫长的过程和毅力，需要家长的陪伴和指引。下面，我们看看往届班级靠谱男生的父母是如何做的，希望能给大家一些启发。

设计意图：设计表格明确"靠谱男生"的评价维度，家长对照标准找出孩子不足，思考让孩子更加靠谱的方法。

第三环节　经验分享——真知灼见可借鉴

1. 活动：电话录音之父亲经验

师：王×× 是 2005 级我班的学习委员，现是哈工大数学教授、博士生导师，他算得上是众人口中非常靠谱的男生。下面，请倾听我采访他父亲时的录音。

预设： 录音中，孩子父亲介绍自己家的孩子本来有很多问题，像其他不靠谱男生一样，甚至也有逆反心理。但家庭中父母协作、良性互动，不在孩子面前相互责怪，而是相互理解、积极陪伴、共同成长。孩子感受到父母的理解与爱，更能轻松愉快地进行生活和学习。

师： 如果说父爱是巍峨的山，令孩子生畏，以严厉的姿态出现在孩子们的成长中，那么母爱就是明澈的山泉，洁净而澄澈，温润孩子们的心灵。各位妈妈面对孩子的不听话、不靠谱，也会感到焦虑、暴躁，也会困惑该怎样培养靠谱男孩。下面，我们来看一位母亲是如何培养孩子的。

2. 活动：家书展示之母亲做法

致孩子

亲爱的儿子：

时光匆匆，转眼十六年。此刻不知现在的你是对远方早有梦想，还是痛苦于此刻每日的疲倦学习。即将跨入高三的你是否准备好日夜兼程，提笔而战？

孩子，不知你是否埋怨我的苛责要求。孩子，你是上天带给我的最美好的礼物。我第一次被通知要做妈妈，我第一次拿着 B 超单感受一个生命的律动，我第一次面对啼哭不止的孩子无力彷徨，我也第一次去陪着一个人成长。孩子，我多希望你的世界只有鲜花和掌声，只有温暖与春风。我想把你牢牢地护住，即使面对整个世界，也要守护你的美好。

可是，孩子，我见过太多的人世沧桑，也经历了种种不如意，我深知其中的苦痛。我不愿意你将遭遇这些，我不愿意你眼底的光芒被世界消磨。孩子，我只能近乎无情地要求你优秀，进步，坚持，靠谱。我希望你有份热爱的事业，让你在灰心时重新站起；我希望你具有坚韧的品格，在种种磨难下保全自己；我希望你具有选择的权利，使你的生活轻松欢畅。

孩子，当你蹒跚学步时，我不希望你摔任何一跤，恨不得苦痛都由我来承担。可是孩子，为了你以后不摔倒，我只能忍着放手，让你独自尝试。你中学时，看着你日夜学习，我也曾想包揽一切家务，可是看着你渐渐伟岸的身躯，想到终有一天你的肩膀也会承载一个家的重量。我想把我所有经验都告知于你，可是你用稚嫩的语气说着自己要做决定时，我也试图不干预你的选择。人生是你的，我希望在这场旅途中，留给你的是美好与充实。

　　孩子，面对高二你大考次次退步，我也曾日日噩梦。不是为了攀比孩子成绩时的面子，只是害怕你的努力被辜负。看着疲劳熟睡的你，我的脑海浮现一幕幕场景，青春期你的叛逆让我常常不能安睡，我记得我们的吵架，我们的沟通，我们的互相妥协。

　　孩子，我是多么开心你能看见更大的世界，更壮丽的山河。

　　孩子，愿你继续高飞。家也永远是你的保障。

　　祝

　　学习进步

永远爱你的妈妈
××年×月×日

师：这封母亲写给高二儿子的书信非常值得我们学习。很多家长爱孩子胜过一切，不仅包揽家务，孩子犯错也不责不教，这种爱是对的吗？这份家书为我们展现了一份真正的爱，一份靠谱的爱，一份值得学习的爱。

过渡：培养一名靠谱的男孩，我们需要制订培养方案和计划，建立互动机制，然后落实督促。

设计意图：许多家长是第一次为人父母，所以家长培养孩子靠谱的路上难免会遇到困难。通过优秀家长的经验分享引导其他家长思考如何助力孩子成为靠谱男生。

第四环节　方案制订——远虑深谋事竟成

1. 活动：展示经典方案

师："千里之行，始于足下"，通过上述的活动，我们掌握了很多知识。如何让这些理论助力行动呢？我们需要制订一份好的方案来指导我们不断提升，因为"凡事预则立，不预则废"。下面我们来看几份曾经在孩子成长路上发挥重要作用的方案。

师：这是一份曾经帮助一位男生从跑不了 800 米到长跑满分的身体素质培养方案。（PPT 出示）

加强锻炼方案

时间：每周二、四、六晚 6:30—7:30。

地点：操场。

方式：10 分钟健身跑 2～3 圈、10 分钟变速跑、30 分钟球类运动、10 分钟整理活动。

陪伴：父亲陪伴。

服务：水果、水、衣服、毛巾等。

师：这是一份一位家长从时间、学科、心态等不同角度为孩子规划的提升成绩方案。（PPT 出示）

提高成绩方案

（1）要求做到：

课上：精神好、专心听、节奏紧。

课间：回顾、准备。

晚自习：高效做题。

自习间：讨论、背诵。

（2）注重特点：

语文：积累。

英语：多读多听多练增强语感。

数学、物理：强化基础、重视归纳、固化模型。

化学、生物：化整为零、化零为整。

（3）强化心态：

还有一年多，大把的机会可以东山再起；战略和战术上要重视每一次考试；保持定期刷题的毅力和恒心；脚踏实地，充满信心。

措施：家庭内部每天就学习行为交流5分钟，家校每周就孩子在校表现沟通一次，时间可长可短，每周一总结，语言以鼓励表扬为主。

师： 这是一份关于孩子做家务的方案。家长提出了要求，也设置了考核标准，在奖惩机制中更好地落实了方案。（PPT出示）

落实做家务方案

要求：每周打扫一次卫生、洗涮两次餐具、炒两个菜。

时间：周末进行。

措施：每周完成一次，可提一个合理愿望；不能完成，写500字原因和检讨（不能重复）。

2.活动：制订个性方案

师： 看了这些方案，想必家长们都有了帮助自家孩子的想法。家长和孩子们"斗智斗勇"了那么多年，都很了解自己孩子的性格特点。下面，请各位家长设计自己孩子的个性化改进方案。

预设： 家长现场制订自家孩子的个性化改进方案，老师投影并点评。

设计意图 家长们通过观看几份典型的方案，获得了很多正向的启发，针对助力自己孩子成为靠谱男生，纷纷制订自己孩子的个性化改进方案。

会议总结

各位家长,今天我们深入讨论了如何培养一个靠谱男生,并结合自家孩子特点制订了个性化培养方案。方案制订后,关键要落实执行,在落实过程中,您肯定会遇到各种问题,请家长放平心态,及时和孩子、老师交流想法,积极寻找合适的解决办法。

岁月漫长,险滩重重,有人年少得志,有人大器晚成,孩子们终会途经生命的种种,希望家长朋友耐心地陪伴孩子度过重重困难,迎来风雨后更美的彩虹。经由我们的共同努力,我们的孩子终会成长为一个靠谱的人。

会议延展

(1)书籍推荐:《一个男人的成长》《男生教育缺什么》《拯救男孩》《养育男孩》《性别的战争》《培养优秀男孩的170个绝招》等。请家长利用所看,结合实际,观察孩子的生活、学习、锻炼等日常,结合本次会议的感受,反思自己的孩子要想成为靠谱的人有什么不足,如何改进等。

(2)每周末家长与老师通过微信分享孩子的生活、学习日常,根据其表现,家校双方共同沟通、提醒、规范孩子的行为。每月末请家长总结孩子的成长变化,进一步丰富培养"靠谱男生"的个性化措施。

(3)家长利用书信沟通、家庭会议等多种形式持续实践培养孩子成为靠谱男生。

(安徽省阜阳市第一中学　张　伟)

12. 安全教育：
做孩子的首席安全官

| 背景分析 |

　　为全面深入地推动中小学安全教育工作，原国家教委、公安部等七个部门于 1996 年初联合发出通知，决定建立全国中小学生"安全教育日"制度，确定每年 3 月最后一周的星期一为全国中小学生安全教育日，由此可以看出国家对中小学生安全的高度重视。然而现实情况却是部分高中生缺乏足够的安全意识和自我保护能力；另外，有部分家长不懂得如何培养孩子的安全意识和对孩子进行科学、有效的安全教育，有的甚至是直接放任不管。所以，开一场"安全教育家长会"非常有必要。

　　本次家长会参与对象是高二学生及家长，活动时间是高二上学期1月份。

| 会议目标 |

目标	家长	学生
知识层面	了解高中阶段与孩子安全有关的知识。	了解到与自身安全有关的安全问题和知识。
能力层面	提升家长的安全教育能力，掌握相关安全问题的应对策略。	在父母的帮助下，培养出安全意识，并拥有足够的自我保护能力，能最大限度地保护自己和他人。

续表

目标	家长	学生
态度层面	以审慎的态度关注与孩子密切相关的安全问题。	认真学习安全知识和应对方法,对待安全问题要有安全无小事的态度。

┃ 会议准备 ┃

1. 问卷调查

各位家长,我们都高度关注孩子们的安全,但是孩子的健康成长离不开您这位首席安全官的保驾护航。在保驾护航的过程中,您可能有焦虑、有迷茫,甚至有无助,请别担心。今天我们将对您做一次不记名问卷调查,是为了能够有效地帮助您,请您如实填写,谢谢!

1. 面对孩子的安全问题,您的表现怎样?

  A. 高度关注 B. 有关注但不多 C. 不关注

2. 在高中阶段您最关注孩子的哪些安全问题?(多选,选项按重要程度从前到后依次排序)

  A. 防溺水安全 B. 网络安全 C. 交通安全 D. 消防安全 E. 饮食安全

  F. 运动安全 G. 心理健康安全 H. 用电安全 I. 其他

3. 您在学生阶段有经历过印象深刻的安全问题吗?(如果有,可以简要说明一下。)

  A. 经历过(简要说明:_____)

  B. 没有经历过

  C. 没有印象了

4. 您认为安全问题离我们的孩子远吗?

  A. 远,几乎不可能发生 B. 近,随时可能发生

  C. 不远也不近,有可能发生

5. 您对各种与孩子有关的突出安全问题熟悉吗?

  A. 熟悉 B. 一般熟悉 C. 不熟悉

6. 您能对孩子进行安全意识培养吗？

    A. 能 B. 勉强能 C. 不能

7. 您最希望掌握哪些急救安全小技能？（多选）

    A. 心肺复苏 B. 海姆立克急救法 C. 常见外伤止血

    D. 夹板外固定 E. 脊柱搬运法 F. 其他

8. 您掌握了哪些与孩子密切相关的安全问题的应对策略（例如网络安全应对策略等）？

2. 材料准备

根据《中小学生安全素质教育》专题节目提炼总结出一本专门针对高中生的《高中生安全问题应对手册》并印刷出来，视频下载，课件制作等。

3. 环境准备

黑板布置，卫生打扫，准备好塑料凳子，采用亲子并排坐的方式。

4. 其他准备

（1）准备水果等，班干部将会场按 U 型布置。

（2）做好问卷调查的数据收集，其中关于网络安全的，邀请家长、学生代表与班主任一起提前在本班 QQ 群讨论出预防性应对策略；为保证安全"百家大讲坛"顺利开展，提前和家委会代表和班委代表沟通发言内容。

（3）查询参考文献：《做好教育引导预防中小学生沉迷网络》《陷入"谷底"的高中生心理健康——基于中美日韩四国的比较》《十二种常见急救方法》等。

会议过程

师：亲爱的家长朋友、孩子们，今天为了一个共同的目标——守护孩子的安全，我们相聚一起。生活中总有一些突发事件，这些突发事件并不可怕，可怕的是我们没有自救互救的意识和解决问题的能力。今天我们召开家长会就是帮大家提升这种能力，在紧急时刻我们能用经验、知识去保护自己和他人的生命，用心中的温暖去守护生命的美好！

第一环节　　时刻绷紧安全弦

1. 用数据说话

师：各位家长和同学们，根据国家统计局的数据，中国每年非正常死亡人数超过 320 万。

（PPT 出示我国每年部分单项死亡人数。）

师：看到以上数据，大家有何想法？请谈谈你的感受。

预设：家长看到这些触目惊心的数字会感觉到意外可能随时发生，要求孩子平时绷紧安全这根弦。学生看到这组数字可能会感到震惊，进而会触发他们脑袋里的那根安全弦。

师：如果大家感觉这些数据离我们的孩子还比较远，那么请大家再关注一个数据。

（PPT 出示：全国每年中小学生非正常死亡 1.6 万人，相当于我国每天消失了一个 45 人的班级，其中以交通事故和溺亡为主，而且死亡人数又以高中生居多，因为小学生和初中生家长会监管更多，高中生年龄更大，独立意识较强，家长管教更少，容易出现监管盲区。）

预设：家长看到每天都消失一个 45 人的班级，可能会感到很恐怖，毕竟这个数据直接与我们的孩子相关，会让家长感到一种危机感。

师：如果还有家长和孩子感觉这些数据有些冰冷，不够震撼，那么我们接下再来观看一组视频。

2. 让视频发声

师：接下来请大家观看溺水、火灾、交通事故导致死亡的视频（PPT 出示），请大家看完后说说自己的感受。

视频一：交通事故时有发生，意外无处不在。
视频二：7个孩子手牵手搭救落水儿童，水流湍急导致所有孩子都被拖入水中，8人全部死亡。
视频三：家长外出上班，将孩子反锁家中，孩子好奇玩火，导致火灾，三个儿童失去生命。

预设：家长看完这些震撼的视频，可能会意识到要时刻绷紧安全这根弦，切不可疏忽大意。家长是孩子安全的第一责任人，家庭监管责任不可缺位，要对孩子加强安全教育。孩子看完这些视频，可能会意识到安全问题就在自己的身边。

3. 灭火器的实际操作

师：为了提高大家应对火灾的能力，今天我特别邀请了学校安全办负责消防的工作人员给大家介绍如何使用灭火器，大家掌声欢迎！

工：感谢周老师的邀请！接下来我给大家介绍一下灭火器的类型和火灾的类型。（PPT出示火灾分类）

工：大家通过PPT可以看到不同类型的火灾需要用到不同的灭火器，但是我们平时绝大多数情况见到的都是干粉灭火器，因为干粉灭火器适用于五种类型的火灾，具备一定的通用性。常见干粉灭火器的正确使用方法有四步，请大家仔细观看我的操作：第一步"提"，提起灭火器之后颠倒摇晃使干粉松动；第二步"拔"，拔掉保险销；第三步"对"，对准火焰根部；第四步"喷"，往下按压阀门，对准火焰根部喷射。另外，使用灭火器还有一些注意事项。（PPT出示使用灭火器的注意事项）

工：接下来请几位家长和孩子上前面夹操作一遍流程。

过渡：感谢耐心指导！我相信不少家长和孩子看到刚才的数据和视频后内心受到震撼，每一个数字和视频的背后都代表着一条条鲜活生命的逝去，危险就在我们身边！为了让大家更深刻地认识安全问题，并建立起安全意识，接下来就让我们身边的安全亲历者来分享自己的经历，掌声欢迎！

> **设计意图** 通过数据与视频来震撼家长和学生的内心，目的是要触动家长和学生内心的安全弦，唤醒安全意识。

第二环节　安全"百家大讲坛"

1. 教师现身说法

师： 就因为曾经历过严重的安全问题，导致很多人不愿再去回想那段或恐怖、或害怕、或难过的经历，但是今天为了更好地保护我们的孩子，所以非常有必要把我们的经历拿出来与家长们和孩子们分享。下面由我首先现身说法！在我所经历的安全问题中，印象最深的是一次溺水经历，当时我们一群小朋友偷偷去河里游泳，我其实是不会游泳的，不过初生牛犊不怕虎。结果可想而知，我不小心发生了溺水，但是运气非常好的是我溺水的地方虽然水深，但是离浅水区很近，水也不急。另外，和我一起来的小朋友也第一时间发现我溺水了，当时有一个水性很好的小伙伴游到了我背后把我往岸边推，浅水区有一个小伙伴看到可以抓到我的手时就从前面拉我，最后一个推一个拉成功把我救上岸了。回去后我爸知道了我溺水的事情，把我暴揍一顿，虽然简单粗暴，但是非常有效地监管了我，并且完全断了我再次偷偷去下河游泳的念头，同时我也意识到了私自下河游泳的危险性。以上是我的亲身经历，下面请家长朋友谈谈自己亲历或目睹过的安全问题。

2. 家长各抒所见

家长1： 感谢周老师坦诚的分享！虽然我自己没有经历过溺水，但是我曾经亲眼目睹了同学溺水，当时我看到他妈妈抱着他的尸体哭得撕心裂肺，这是我永生难忘的一幕。

家长2： 我印象最深的是自己目睹的一次交通事故，当时是国庆节，在离我不远的地方，一辆公交车从大桥上失控冲破护栏一跃而下，地上散落了很多满身是血的人，最后新闻报道出来的数据是死亡 29 人，至今那血淋淋的场面我依然是历历在目。

师： 感谢家长们毫无保留的分享！接下来请孩子们谈谈自己的感受，或者分享一下自己的经历，以及看到的身边的安全问题。

3. 学生有感而发

预设： 预先邀请的班委谈一下自己的听后感；另外一个班委成员介绍自己身边的安全例子；其他学生自愿分享。有的说自己曾经目睹过火灾，有的说自己曾经看到车祸就在自己眼前发生，等等。

师： 通过大家的分享，我想大家对安全教育的必要性应该有了更深的认识，但仅有安全意识还不够，安全教育的核心是强化安全意识和掌握基本安全应对策略，这样家长才能做好孩子们的首席安全官。

过渡： 接下来让我们一起看看根据调查问卷挑选出来的大家最关注的与高中生安全密切相关的三个问题，并掌握应对策略。

设计意图 通过教师、家长和学生代表三方的共同现身话安全，将安全教育推向高潮，并帮助家长和学生建立起属于他们自身的安全意识。

第三环节　安全问题有对策

1. 网络安全应对策略

师： 我作为一个曾经的网瘾少年，针对网络问题还是有一点发言权的。我认为网络就是一把双刃剑，有利也有弊。网络既有积极的方面，同时也有消极的方面。接下来请家长和孩子们谈谈自己关于网络两个方面的看法。

预设： 有家长可能会说网络的积极方面是为青少年提供了学习的广阔天地等，网络的消极方面是过分沉迷网络会造成精神颓废、荒废学业等。有学生可能会说网络的积极方面是有助于拓宽青少年的思路和视野等，网络的消极方面是影响身心健康和正常人际交往等。

师： 大家都说得非常好！高中阶段是最容易沉迷网络，也最难监管的阶段，我想家长应该深有感触。为敲响网络安全警钟，下面请看两个案例，看完分享你的感受。（PPT 出示）

案例一：深圳 15 岁少年连续上网猝死。
案例二：遭遇冒充熟人诈骗，高中生被骗 3000 元。

预设： 家长看完案例可能会说沉迷网络确实太危险了，不仅影响学习，而且还可能会被诈骗损失财物，甚至危及生命。学生可能会说现在网络骗术高明，一定要有足够的防范意识，文明上网，安全上网。

师： 为了避免以上问题的出现，请大家再重温之前我们在 QQ 群讨论出的预防性应对策略。（PPT 出示）

防沉迷三字文

互联网，信息广，助学习，促成长。
迷网络，害健康，五个要，记心上。
要指引，履职责，教有方，辨不良。
要身教，行文明，做表率，涵素养。
要陪伴，融亲情，广爱好，重日常。
要疏导，察心理，舒情绪，育心康。
要协同，联家校，勤沟通，强预防。

师： 针对大家都很关注的网络诈骗问题，我想听听大家曾经被诈骗的经历。

预设： 有家长和学生分享自己遭遇电信诈骗、网络诈骗、网购诈骗的经历。

师： 各位家长、同学们，通过大家的分享，我们可以看出来骗子的诈骗手段并不高明，但是却能屡屡得手，这一方面说明我们很善良，容易相信别人，另一方面说明我们缺乏必要的防网络诈骗的意识。下面我就给大家讲一下如何预防网络诈骗。（PPT 出示：防网络诈骗七要点和银行卡盗刷 300 秒急救法。）

师：网络就像给我们插上了一对可以通向无限未知的翅膀，飞向何方需要你的头脑做出选择。祝愿孩子们插上网络智慧的翅膀，高高地飞翔！

2. 心理健康安全应对策略

师：高中生处于人生发展的关键阶段，是人格形成和完善的重要时期，也是多种心理问题的高发期。多项调查数据显示，高中生正处于青少年阶段心理健康水平的"低谷"，每年抑郁检出率也大有上涨趋势，高中生心理健康不容忽视。接下来有请本校的心理健康 A 老师来给大家做预防性应对策略的分享。大家掌声欢迎！

A 老师：谢谢周老师的邀请！针对高中生出现的常见心理问题，我的应对策略主要有四个。（PPT 出示：预防高中生心理健康问题应对四策略和"宽心谣"。）

3. 防溺水安全应对策略

师：溺水问题我们在前面谈到了很多案例，接下来有请我校学生处负责防溺水工作的 B 老师来给大家分享如何防溺水，掌声欢迎！

B 老师：各位家长和同学们，我将防溺水方法总结为"两个六"和"一个五"。（PPT 出示：牢记防溺水措施"六不准"、溺水防护"六要点"和溺水科学自救"五方法"。）

过渡：通过对以上安全问题的了解和应对策略的掌握，我们大家已经建立起基本的安全意识，以后我们可以更好地应对这些安全问题，并提前建立起预防性安全防火墙。这里我有一个礼物送给大家——《高中生安全问题应对手册》，方便大家随时学习！另外，在家长会前我通过问卷调查搜集了家长们最想了解的救急方法，下面正式揭晓答案。

设计意图　通过展示家长最关注的三个安全问题的预防性应对策略和提供《高中生安全问题应对手册》，使家长和孩子在应对安全问题时拥有足够的自我保护能力，能最大限度地保护自己和他人。

第四环节　安全急救小礼包

师：根据之前问卷调查的统计结果，家长们最想掌握的急救安全技能是心肺复苏、常见的外伤止血和海姆立克急救法。下面请我校校医 A 医生为大家进行专业讲解，掌声欢迎！

医：谢谢周老师的邀请！接下来我将分别向各位家长和孩子们介绍这三种急救方法。

1. 急救小礼包

医：首先是心肺复苏，这是最常见的急救方法，多用于各种原因引起的心跳呼吸停止，具体内容和操作请看大屏幕。（PPT 出示：胸外心脏按压，口对口人工呼吸，电除颤。）

医：其次是常见的外伤止血，通常有五种方法，具体内容和操作请看大屏幕。（PPT 出示：指压动脉止血、加压包扎止血、填塞止血、屈肢加垫止血法和止血带止血法。）

医：最后是海姆立克急救法，它是针对呼吸道异物的清除方法，比如吃棒棒糖不小心吞了下去，结果卡在了呼吸道，这个时候就需要用到海姆立克法。今天我重点介绍适合高中生及成人的操作方法。（PPT 出示：海姆立克急救法具体操作。）

师：感谢 A 医生的专业讲解，接下来我想邀请四组家长和孩子在 A 医生的现场指导下来现场体验心肺复苏和海姆立克急救法。体验结束后请现场体验的家长和孩子谈谈自己的感受。

2. 家长和孩子现场体验

预设： 有家长带孩子体验了海姆立克急救法，并在 A 医生的现场指导下，通过实际操作已经掌握了该方法的要领，以后在遇到这种情况时可以及时施救。有家长带孩子体验了心肺复苏，并在 A 医生全程指导下基本掌握心肺复苏的操作要领，今后遇到这种情况，可以施以援手。

> **设计意图**　通过学习安全急救知识和掌握具体的操作方法，提高家长和孩子在危急时刻自救和救助他人的能力，为生命建立起最后一道坚实的防线。

会议总结

亲爱的同学、家长们！今天我们交流了建立安全意识的重要性，掌握了许多常见的安全问题的应对方法。接下来，请让我们主动学习，携手共进，做好孩子安全的首席官！

会议延展

（1）一周之内，请家长完成《高中生安全问题应对手册》的阅读，并掌握各种安全问题的应对方法。

（2）请所有家庭回家后模拟实践心肺复苏和海姆立克急救法，掌握急救要领，以备不时之需。

（重庆市巴蜀科学城中学校　周子淇）

13. 假期复盘：
假期"复"好盘，开学"翻"新篇

背景分析

假期，常常是决定学生学业和生活差距的一个重要分水岭。很多高中生在假期期间的作息不规律，导致开学后难以迅速适应学校生活，这种问题备受家长们的关注，但往往无法轻易解决。在此背景下，召开一次旨在帮助家长和孩子共同进行假期复盘的家长会具有极其重要的意义。有效的假期复盘不仅可以帮助学生分析假期期间的成长和失误，更能够在复盘的过程中，帮助他们明晰新学期的方向和目标。

本次家长会旨在协助家长和学生学会更好地规划假期和养成复盘习惯，以确保他们在新学期中更好地投入学习，为未来的学业打下坚实的基础。

本次家长会参加对象为全体家长和学生，时间为高二开学第一周。

会议目标

目标	家长	学生
知识层面	了解复盘的几个流程，养成复盘习惯，指导并助力孩子成长。	了解复盘的基本流程，理解复盘对成长的意义，学会复盘假期生活。

续表

目标	家长	学生
能力层面	学会帮助孩子制订合理的假期计划，并能协助、督促孩子执行计划，实现目标。	学会执行计划，养成良好的假期学习和生活习惯；具备复盘的习惯，让复盘成为学习和成长的重要路径。
态度层面	积极配合学校，指导孩子做好"假期管理"。	积极做好"假期管理"，健康快乐地成长。

会议准备

1. 材料准备

收集全部学生写的"我的假期生活"心得和反思并择优印刷，制作家长会PPT，准备彩色大卡纸、多色水彩笔。

2. 环境准备

（1）适当装饰教室，并在前面黑板上写上家长会主题"假期'复'好盘，开学'翻'新篇"，后面黑板上写上欢迎辞"欢迎参加家长会"。

（2）家长会前布置会场座位，按小组就座，家长与自己孩子坐在一个小组。

3. 其他准备

制作会议邀请函。正面印上会议主题"假期'复'好盘，开学'翻'新篇"，加上班徽、班名，反面印上欢迎辞"欢迎参加家长会"。

会议过程

师：尊敬的各位家长朋友，各位同学，大家好！欢迎大家参加本次家长会！今天，我们全体家长、学生欢聚一堂，就假期生活的话题互相交流想法和做法，需要大家用复盘的视角来分享假期生活，分析和总结经验，以利于今后更好地学习和生活。期待大家能全程、全员、全情参与。大家请看屏幕，本次会议主题是"假期'复'好盘，开学'翻'新篇"。

第一环节　互动暖场，交流蓄势

师：家长会前，我已经收集并查看了全班学生的假期心得和反思，我选择了有代表性的部分文字印刷出来跟大家分享，请各位家长和学生阅读。家长们可以结合这些文字及自己孩子的假期学习和生活，谈谈自己的感受。

预设：家长们会积极交流分享，有的说孩子随意松散，做作业不够自主，假期作业质量低，学业退步；有的说孩子玩游戏过度，完全忽略学习；有的说孩子假期作息时间混乱，担心回到学校无法有效管理时间……当然，也有些家长会夸赞孩子假期自觉，能有效管理时间，高效完成作业等。

过渡：刚刚听了各位家长的发言，我大概了解了孩子们的假期学习与生活状态，也理解各位家长的担忧和顾虑。作为班主任，我也发现一个现象：每当假期过后，孩子返校后学习状态总是欠佳。为帮助孩子们更快找回良好的学习状态，我们很有必要做好一件事，那就是假期复盘。

设计意图　通过家长谈感想，了解学生假期生活状态，了解家长心理需求，为家长会蓄势。

第二环节　了解复盘，明确意义

师：我先给大家介绍复盘的相关知识。（PPT 出示）

什么是复盘？

复盘，围棋术语，也称复局，指的是每次博弈结束后，双方棋手把刚才的对局再重复一遍，这样可有效地加深对这盘对弈的印象，也可以找出双方攻守的漏洞。这是提高自己水平的好方法。

师： 家长们、同学们，联想集团创始人柳传志先生说，所谓复盘，就是一件事情做完后，坐下来把当时的事情进行思考、总结。尤其是未能成功的事情，更需要复盘，理一遍以后，下次再做的时候，就有经验了。

按照这个思路，我们思考一下，本次假期复盘的目的是什么？是让自己觉得"我做了很多事情"，从而感到很满足吗？是让自己发现"我做得还不够好"，从而感到惭愧吗？这两者都不是。本次家长会，主要是与大家一起客观呈现、陈述、分析假期生活，然后找到对自己成长有用的宝贵经验。所以，不管是家长还是孩子，都不要纠结假期是否充实、是否留有遗憾，关键要思考，我能够从中获得什么？

总之，假期复盘的目的是从假期得失中总结经验和教训，为之后的假期生活增效，为新学期成长赋能。

首先，大家需要理解并做到复盘的几个原则。（PPT 出示）

1. 开放包容；
2. 坦诚表达；
3. 客观陈述；
4. 真诚建议；
5. 积极参与。

预设： 通过教师的讲解，家长和学生能了解复盘的意义及基本原则。

过渡： 期待各位家长和同学保持开放的心态，坦诚分享假期生活，表达自己的真实想法，真诚接受他人的建议，尤其能对自己的假期学习和生活进行深度自我反思，分析影响假期生活的关键因素和根本原因，得出有利于自己成长的方法。

设计意图： 通过解释什么是复盘、为何要复盘，让家长和学生明白假期复盘的意义，重视本次家长会并积极参与复盘行动。通过提出家长会的具体要求，为家长会的推进营造心理氛围，保障会议的有效推进。

第三环节 复盘行动，分析总结

师： 家长们、同学们，假期复盘很有必要。它可以让我们明晰假期生活的收获，找出假期生活的不足，在帮助我们调整返校学习的节奏和状态的同时，更能帮助我们找到优化措施，我们应该让复盘成为学习和生活的重要方式。

下面，就请大家开始我们的复盘行动吧。为帮助大家更有效地做好复盘工作，我提供一些具体的路径和抓手给大家。请大家依照这些抓手，按照复盘的四个步骤，开启家庭的假期复盘行动，每个家庭制作一份假期复盘报告，为后面的小组和班级内交流分享做准备。（PPT 出示）

步骤	项目	具体路径	具体抓手
第一步	回顾评估	回顾目标 重温计划 反思过程 评估结果	1. 当初假期生活我要实现的目标是什么？我制订的计划是怎样的？ 2. 我预测结果是怎样的？实际结果是怎样的？
第二步	分析反思	分析原因 深入反思	1. 我有哪些亮点？主观原因有哪些？客观原因是什么？其中起关键作用的因素有哪些？ 2. 我有哪些缺点？主观原因有哪些？客观原因是什么？其中最重要的根本原因是什么？
第三步	萃取提炼	举一反三 找出经验 总结教训	1. 我可以从这个假期中学到什么？ 2. 有哪些是可以坚持或推广的做法？ 3. 有哪些做法是有待改进的？
第四步	转化应用	提炼方法 改进做法 实践运用	1. 我将怎样让我的下一个假期过得更有质量？ 2. 我从假期复盘得出的经验和教训如何运用到新的学习和生活中去？

预设： 以家庭为单位，开始复盘行动并形成家庭报告。家庭复盘报告分享：

第一步：回顾评估。

在假期开始之前，我设定了一些目标，包括放松、提升技能和享受家庭时间。我计划了每天的活动，希望假期充实而有意义。然而，我没有详细考虑到一些潜在的干扰因素。

第二步：分析反思。

回顾整个假期，我发现一些亮点。我成功地与家人共度了美好时光，这让我感到非常满足。但同时，我也发现了一些缺点。我容易受到社交媒体的诱惑，分散了注意力，错过了一些原本可以充分利用的时间。

第三步：萃取提炼。

从这个假期中，我学到了几点经验和教训。首先，我明白了假期时间管理的重要性，这是我要坚持的。其次，我意识到要更有计划地管理时间，以充分实现我的目标。最后，我明白了限制社交媒体使用的必要性，以保持专注和提高效率。

第四步：转化应用。

为了让下一个假期更有质量，我将采取以下措施：首先，我会制订更具体的计划，并确保考虑到潜在的干扰因素。其次，我会设定固定的社交媒体时间，以免分散注意力。最后，我将更加珍惜家庭时间，多与家人互动，创造更多美好回忆。

过渡：刚刚每个家庭都进行了复盘，并形成了家庭复盘报告，接下来，我们将开展家庭间深度交流分享，以便于更好地促进成长。

设计意图　通过给予具体的复盘路径和复盘抓手，让家长与孩子一起回顾假期学习和生活情况，并完成一份复盘报告。

第四环节　交流分享，借鉴提升

活动1：分享假期生活。

师：请大家在小组内部进行分享，分享好的成果，借鉴好的做法。同时，看看各个小组存在哪些共性的不足。

预设：各个小组交流热烈，家长有共鸣，学生、家长相互介绍好的做法。

师：请各组派三名代表上讲台来分享假期最成功的或最有意义的一件事，

以及分享具体做法和心得体会。

活动2：绘制"假期成长树"。

师： 各位家长和学生，现在我们将一起进行有趣的活动，名为绘制"假期成长树"。这个活动将帮助我们更好地理解假期的成长经历。请各小组代表上台分享，我将以思维导图的方式，将你们的观点整合成一棵有趣的"成长树"。现在请每个小组派代表上台，分享你们在假期中的重要事件和收获。我将倾听你们的分享，然后从每个分享中提取关键词，这些关键词将构成我们的"成长树"的树叶。最后，我们将一起欣赏这棵"成长树"，并思考如何利用这些经验和收获来指导新学期的努力与目标。

预设： 本活动创造了一个有益的、富有启发性的活动体验，能帮助学生和家长更好地理解假期成长，在互动和讨论中，能调动他们的积极性。

> **设计意图** 这个活动将有助于学生和家长一起分享和反思，从中收获有效经验与方法，同时也为大家提供了一个更具互动性和视觉化的方式来探讨假期成长经历。

活动3：做"金点子"海报。

师： 各位同学，在假期复盘行动中，当你发现自己有做得不好的地方，可以请教身边的同学，一起分析原因，寻求对策。现在，每个人都会领到一张彩色卡纸，大家可以在卡纸上用水彩笔写下自己的不足或困惑，然后请同学或家长提出"金点子"。

预设： 家长和学生在卡纸上写出困惑并寻求他人提供"金点子"，最终形成"金点子"海报。

过渡： 通过刚才画出的"假期成长树"和"金点子"海报，我们了解了如何更有效地度过我们的假期生活。

> **设计意图** 通过上台分享和制作海报，引导大家和学生发现自己的不足，并且懂得如何改进。

第五环节　讲授方法，提升效果

师： 各位家长、各位同学，会议进行到现在，相信大家对复盘的具体流程有了深刻的认知，在复盘的过程里，大家应该对假期有了回顾、评估、分析、反思，但是复盘的根本目的在于能提炼一些可以借鉴、改善的方法。

活动1：假期管理微讲座。

师： 同学们、家长们，从大家分享的情况来看，我们基本可以明确圆满的假期和遗憾的假期，区别就在于能否有良好的自我管理。那么，如何进行自我管理呢？我给大家带来一个微讲座。PDCA循环，又称戴明环，是美国质量管理专家戴明博士提出的方法，用于不断改进和提高质量。今天，我将简要介绍PDCA循环的核心概念，以及如何将其应用于假期管理。首先，我们需要明晰四个阶段，请大家看大屏幕。（PPT出示）

P（计划PLAN）：制订计划。
D（实施DO）：实施计划。
C（检查CHECK）：评估结果。
A（调整ADJUST）：调整改进。

师： PDCA循环由四个关键阶段组成，第一阶段是计划。在这一阶段，需要制订计划，设定目标，明确要达到的成果。在假期管理中，可以包括制订学习计划，设定目标，以及规划家庭日常活动。

第二阶段是实施，一旦制订了计划，需要执行它。这意味着采取行动，按照计划的步骤来执行，无论是学习任务还是家庭活动。

第三阶段是检查，在这一阶段，需要评估实施的结果，需要问自己是否达成了预期的目标，是否取得了进展。

第四阶段是调整，如果在检查阶段发现问题或改进的空间，那么需要进行调整。这包括根据反馈和经验对计划进行修改，以便更好地达成目标。

在应用PDCA循环时，有四个重要原则需要记住，请大家看大屏幕。

（PPT 出示）

  原则一：要事第一。
  原则二：和善而坚定。
  原则三：孩子自查为主，家长跟进为辅。
  原则四：及时反思和调整。

  师：首先，要坚持要事第一的原则，确保你的计划和行动聚焦在最重要的事情上，以提高效率和成果。其次，要坚持和善而坚定的原则，采用坚决的态度，但要在亲切和尊重的氛围中进行。再者，要坚持以孩子自查为主，家长跟进为辅的原则，鼓励孩子主动参与计划、执行和检查过程，同时家长可以提供支持和指导。最后，要坚持及时反思和调整的原则，定期反思和修正计划，以确保不断改进和适应变化。

  家长们、同学们，PDCA 循环是一个有助于不断改进和提高家庭教育和假期管理质量的强大工具。通过明晰地计划、实施、检查和调整，以及遵循重要的原则，大家可以建立更有效的学习和家庭生活方式，希望这个讲座能对大家有所帮助。

  活动 2：制订计划。

  师：各位家长、各位同学，我们假期复盘的目的是为后期有更高质量的学习和生活，为我们新学期提供更好的行动策略。下面，请大家回顾本节课的所学所思，完成下面这个表格。（PPT 出示）

目标	目标管理	执行时间	监督者	预估困难	预设方法

预设：通过微讲座，深入介绍 PDCA 循环概念，能帮助家长和学生了解如何将其应用于假期管理的实际情境。

过渡：刚刚我跟大家讲解了 PDCA 循环的核心概念及运用过程，希望对大家有所帮助，也希望大家能通过制定表格，明晰新学年的目标，克服困难，迎接挑战。

> **设计意图**：通过介绍 PDCA 循环的四个阶段和四个原则，让家长和学生掌握假期管理一个工具；通过制订计划，更有效地规划学习和日常活动，提高新学期学习和生活的质量。

会议总结

家长们、同学们，在今天的家长会中，我们一起探讨了有关假期的话题，目的在于帮助我们更深刻地理解假期的真正意义。希望大家能够充分认识到假期不仅是调整生活节奏、实现劳逸结合的时机，更是一个让我们享受生活、获得成长的机会，从而在新的学期有更愉快而高效的学习和生活。感谢大家踊跃参与和分享，让我们共同期待未来的成长和收获，同时让这次家长会成为我们生命中美好而难忘的经历！谢谢！

会议延展

班主任发放家庭承诺书参考样本，请各个家庭根据各自的实际情况制作一份"新学期家庭承诺书"。

家长和孩子的新学期承诺书

亲爱的孩子（家长）：

在新学期的开始，我们希望共同制定一份承诺书，为我们的学习和成长明确发展目标与行动计划。我们承诺在这个学期中，将努力追求以下目标，并在彼此的支持下共同实现。

对于孩子：

1. 承诺努力学习：我承诺将全力以赴专注于学习——我会积极参与课堂讨论，主动提问并展示我的学习成果。

2. 承诺合理规划时间：我承诺合理分配时间——会制定学习日程表，合理安排时间用于学习、完成作业和复习。

3. 承诺养成良好的学习习惯：我承诺养成每天按时完成作业的习惯。做好笔记和复习，提高学习效果和记忆力。

4. 承诺积极参与课外活动：我承诺积极参与丰富多彩的课外活动，拓展自己的兴趣爱好，并通过参加社团或志愿者活动培养自己的合作能力。

5. 承诺与家长积极沟通：我承诺与家长保持良好沟通，及时分享我的学习进展、困难或需要帮助的情况。我会积极倾听家长的建议和指导，共同为我的学习和成长努力。

对于家长：

1. 承诺给予支持和鼓励：我承诺提供给你充分的支持和鼓励，帮助你激发学习的兴趣和动力；会认真倾听你的想法和困惑，鼓励你积极追求自己的学习目标。

2. 承诺与你合理沟通：我承诺与你建立开放、互信的沟通渠道，定期询问和了解你的学习进展与需求。我会倾听你的意见，并在需要时提供合理的建议和指导。

3. 承诺创造良好的学习环境：我承诺为你提供一个适合学习的环境，营造宁静和舒适的学习氛围。我会与你共同规划学习时间和空间，确保你有良好的学习条件。

4. 承诺尊重学习兴趣和节奏：我承诺尊重你的学习兴趣和节奏，不过分干预你的学习选择。我会鼓励你发展自己的特长，并支持你在学习中探索和创新。

5. 承诺共同成长和反思：我承诺与你一起进行反思和复盘，帮助你在学习过程中分析成果和不足之处。

我们家长和孩子，在新学期中郑重承诺履行以上承诺。我们将互相支持、鼓励和理解，共同创造一个愉快、和谐的学习环境。

家长签名：

孩子签名：

日　期：

（广东省广州市天河中学　杨换青）

14. 财商教育：
让财商点亮孩子的富足人生

背景分析

财商能力是一个人现实而实用的生存能力，财商素养是每个人必备的核心素养。高中生接受财商教育有助于成长、成才，能获得财商知识、培养理财能力，还有助于树立正确的财商心理，同时更是新形势下现代经济社会对教育的迫切需要。

不少学生缺乏社会经验和防范意识，使学校逐渐沦为电信网络诈骗的重灾区。而学生因为对社会现象的甄别力相对不足，容易被表象所迷惑，被短期利益所引诱，往往成为不法行为的受害者甚至侵害者。此时开展财商教育尤为迫切。

本次家长会参与对象是全体家长和学生，会议时间是高二期中考试后。

会议目标

目标	家长	学生
知识层面	了解财商教育的基本内容，具备财商常识。	明白财商教育的内涵，了解必要的财商知识，熟知预防诈骗的相关知识。

续表

目标	家长	学生
能力层面	掌握财商教育的基本方法技巧，能辨别出各类致富陷阱，有能力培养孩子的财商思维。	能管理好个人零花钱、生活费等，学会使用财商思维去分析问题和处理问题。
态度层面	愿意花时间和精力，做财商教育中的陪伴者、咨询者、协调者。	树立正确的财富观，塑造正确的财商思维，规范财商行为。

会议准备

1. 问卷调查

各位家长朋友们，为了了解孩子成长情况，更好地服务孩子，我们将围绕财商教育做一次问卷调查，请您如实填写。本问卷仅供老师了解孩子成长情况使用，信息不会外泄，敬请放心。

1. 您对于孩子进行财商教育的看法是怎样的？

   A. 非常重要　B. 重要　C. 难以判断　D. 没必要开展

2. 您是否过问子女用钱的问题？

   A. 从不过问　B. 偶尔过问　C. 经常过问　D. 每一笔都过问

3. 您认为财商教育的主体应该是谁？

   A. 孩子自己　B. 家长　C. 学校　D. 银行、保险等专业金融机构

   E. 专门的理财培训机构　F. 其他

4. 您认为财商教育的主要内容有哪些？【可多选】

   A. 知道合理用钱　B. 懂得通过劳动创造财富的道理

   C. 知道存钱的道理　D. 尝试投资　E. 其他

5. 您认为财商教育的途径有哪些？【可多选】

   A. 尝试一些能通过实际劳动而让孩子获得报酬的方式

   B. 把压岁钱或零花钱交给孩子，让孩子制订计划自行支配

   C. 引导孩子进行一些虚拟投资

   D. 引导孩子参与一些公益捐助活动

E. 参与一些财商教育相关的讲座活动

　　F. 参与防诈骗类的实践活动或者现场模拟活动

6. 您认为进行财商教育的主要目的是什么？【可多选】

　　A. 帮助孩子树立正确的金钱观　B. 培养孩子理性的消费观

　　C. 懂得珍惜劳动成果　D. 让孩子养成长期投资的观念

　　E. 注重保险理财　F. 培养生存能力

　　G. 其他

2. 材料准备

（1）老师提前邀请在银行工作的家长做好投资理财方面的发言，并提供纸质材料供家长和学生参考。

（2）以国庆七天假期为限，安排学生管理并记录所有家庭支出，写清每一笔钱的支出情况，撰写财务日志。

（3）统一印刷《国民财商教育白皮书》（2022年版）主旨材料。

3. 环境准备

桌椅自然摆放，开会时家长和孩子并排坐。

4. 其他准备

（1）亲子共同观看电影《孤注一掷》，共同阅读书籍《小狗钱钱》。

（2）老师提前阅读《穷爸爸富爸爸》、《特别狠心特别爱》、《国民财商教育白皮书》（2022版）等书籍和相关文章。

| 会议过程 |

　　师：尊敬的各位家长、亲爱的同学们，大家下午好！根据班级工作规划，本次会议围绕"财商教育"这个主题展开。

　　财商、智商、情商是个人成长中最重要的三个基本素质，财商是作为经济人在经济社会中的生存能力，已成为每个人必备的核心素养之一。如果青少年时期没能较好地培养财商，在进入社会后更容易陷入消费陷阱。因此，开展财商教育不仅非常有必要，而且尤为重要。

第一环节　财商大比拼

师：尊敬的家长朋友们，亲爱的同学们，一提到"财商"这个概念，大家会联想到什么呢？下面我们做个现场小调查，了解同学们财商方面的状况。

活动1：小调查，感知财商。（PPT出示）

1. 你是否觉得需要有一个人来告诉你该怎么花钱？
    A. 是　B. 不知道　C. 不是
2. 如果口袋里有10元钱，你一般会在多长时间里花掉？
    A. 一个星期　B. 一天　C. 三天
3. 春节所得的压岁钱你通常是怎么处理的？
    A. 存银行里　B. 花掉一部分　C. 立即花掉
4. 与父母一起去饭馆时，是否想过要自己付账单？
    A. 是　B. 偶尔　C. 不是
5. 有没有想过父母的钱是怎么来的？
    A. 有　B. 偶尔　C. 没有
6. 是否有过向父母借钱的想法？
    A. 是　B. 偶尔　C. 不是
7. 家长不给零花钱的情况下，你会自愿地参加家庭劳动吗？
    A. 是　B. 偶尔　C. 不是

【得分标准】
选A得3分　　选B得2分　　选C得1分

预设：老师展示"得分标准"后，教室里可能热闹非凡，生生互动、亲子互动频繁，教师要趁势引导。

师：同学们，得分越高说明财商越高，你对自己的财商满意吗？（学生会热情回应：不满意。）家长朋友们，大家可以结合会前的小调查和您孩子的现场调查结果，思考一下：父母自身缺乏培养孩子财商的意识与能力会导致孩子的财商不高吗？两者之间存在因果关联吗？（家长会三三两两说道：有关联。）那您清楚财商是什么吗？

活动2：看现状，悟财商内涵。（PPT 出示）

财商就是 FQ（Financial Quotient）的简称，通俗地说就是一个人认识、创造和管理财富的能力。

贯穿孩子一生的财商培养的实质是财商教育的四个方面，即理财观念、理财能力、创富欲望和事业潜能，这是需要家长们牢记于心的财商教育原则。

师：之前不少人觉得，财商教育是有钱人家的事，一般家庭没啥必要。然而，"熊孩子"巨额打赏主播、大学生深陷网贷，背后都藏着羞于谈钱的父母。财商教育刻不容缓。

过渡：既然大家都知道财商教育如此重要，那么如何培养孩子们的财商呢？

设计意图　通过会前的家长调查和会上的学生调查，让家长和学生对财商有一个整体的感知，意识到财商教育的重要性。

第二环节　财商微体验

师：国庆期间同学们都当了一回家里的"财政部部长"，规划了家庭支出，了解到家里每一笔钱都用在了什么地方，清楚了财务支出的实际情况。下面请大家欣赏我们班×××同学的财务日志（事先征得同意），大家掌声欢迎！

活动1：家庭小账本目睹家庭收支。（PPT出示）

×××学生分享：爸妈给家庭小金库注入了7000元的国庆生活费，我一直觉得绰绰有余。国庆后一算账，惊得连下巴都要掉下来砸到自己的脚了。就这么短短的一周，我们就花了6835.2元！一家人外出游玩1天花费3090元，家人聚餐892元，表哥结婚随礼1000元，爸爸同事乔迁随礼500元，妈妈朋友生小孩随礼500元，这周买菜532.2元，零食费用321元，还没付电费、水费、煤气费、电话费呢，小金库就见底了。我真是心疼呀！

当了一个星期的"财政部部长"，我也终于体会到为什么妈妈平时总是那么"抠门"了。要把日子过得好，真的是需要精打细算呀！

师： 家长朋友，孩子们对家庭财务支出有了自己的切身理解，怎样才能更好地培养孩子们的消费观进而培育财商呢？请大家畅所欲言。

活动2：财商微培育见证父母用心。

预设：

家长1： 不要避讳和孩子谈钱，谈钱不一定会让孩子变得世俗和功利，反而会让他们学会合理消费，适时进行储蓄，从而更好地规划自己的生活。

家长2： 不要刻意回避大人工作的辛苦，加班的时候很坦诚地告诉孩子们："妈妈的工作必须完成，只有这样才能有钱给你买这买那。"

家长3： 家长们对待金钱的态度，终将会对孩子造成潜移默化的影响。因此，勤俭节约、不铺张浪费、理性消费、尊重自己和他人的劳动成果……这些好品质需要从我们大人自己做起。

家长4： 让孩子适当参与家庭理财活动，在参与体验中提升金钱规划的意识与能力，形成正确的消费观。

教师小结： 真没想到我们家长当中有这么多人注重孩子财商的培养，而且如此有远见。孩子们，让我们为如此在意我们成长的爸爸妈妈点赞！

过渡： 我们只会做个合格的消费者还远远不够，花钱很容易，赚钱相当不容易，还要学会做个会赚钱、会理财的达人。

> **设计意图**：通过身边的人和事，让家长和学生减少对财商的陌生感，意识到财商就在我们身边，潜移默化地接受财商教育；通过家长的分享，逐步形成"我的孩子需要我更努力去培育"的理念，改善亲子关系。

第三环节　理财有窍门

活动1：谈感受，析原因。

师：家长朋友、同学们，之前大家都观看了电影《孤注一掷》，主人公潘生落入境外诈骗工厂陷阱的原因何在？

预设：

家长1：意气用事，幻想发大财。

学生1：自我保护意识不强，对坏人警惕性不高。

家长2：痛恨职场潜规则，妄图快速发财证明自己。

学生2：遇人不淑，运气不好。

师：潘生受骗的经历令人痛心疾首，被解救的结局让人心生敬意。相关研究显示，80%的人一辈子都无法如愿达到财务自由的状态。产生的原因是多样的，是内外因共同作用的结果。种什么因，就结什么果。所以您要想获得财务自由，必须树立正确的理财观和财富观。

过渡：没有孩子一出生就有正确的理财观和财富观，孩子对金钱的想法和行为，都是教育的结果。接下来我们来做一个投资小实验，请家长朋友们注意孩子们的表现。

活动2：做实验，长技能。

投资小实验：同学们，过年的时候长辈们给了你们多少压岁钱呢？如果你的压岁钱有5000元，你会怎么让钱生出更多的钱呢？

预设：

生1：我会把钱存入银行，银行会给我利息。

生2：利息太少了，还不如把钱拿去买债券，收益更高。

生3：想要收益高，必须买股票。只要搏一搏，单车变摩托。要是赌一赌，马上开路虎。

生4：买股票风险太大了，5000元可能分分钟被你输光光。我还是拿来买黄金吧，可以做首饰，还可以保值增值。

生5：好像你们说的都有风险啊，未必能钱生钱。算了，我还是把钱花了更实在。

师：刚才大家听说投资挣钱都很兴奋。股票期货、银行理财产品、基金债券、金银外汇等投资方式都有所涉及。家长朋友，谁能告诉我：在选择理财投资产品时，您觉得最应该关注哪些方面呢？

预设：

家长1：产品的投资风险和产品的收益率。

家长2：金融专家、报纸等媒体的投资建议。

家长3：金融机构工作人员是否专业，该金融机构的信誉和品牌。

师：看来我们的家长理财都有一招。为了让大家更好地了解理财产品和投资理财的注意事项，下面有请×××的家长，××银行××分行的投资理财部科员×××女士为大家指点迷津。

×××女士：各位家长、各位同学，很高兴跟大家在家长会上分享投资理财的相关事项。学习理财，拥有财商，不一定会让你发财，但会改善你的生活水平，让你应对生活中的一般性困难变得从容，让你生活更加幸福。任何理财产品都有一定的风险。面对眼花缭乱的理财产品，我们要注意四个方面：（1）要兼顾收益与风险。既要注意投资的收益率，也要注意投资的风险性，应该根据自己对风险的承受能力选择适当的投资方式。（2）要注意投资多元化。随着我国金融市场的不断完善，我们应该根据家庭的实际承受能力选择多种多样的投资方式，这样可以分散风险，给自己带来较高的收益。（3）投资要根据自己的实际情况和经济实力，量力而行。经济实力微薄，可投资储蓄或购买政府债券；经济实力允许，可选择风险高、投入大的投资方式，如购买企业债券、炒股、投资房地产等。（4）投资理财既要考虑个人利益，也要考虑国家利益，不得违反国家的法律法规。

师：谢谢×××女士的专业分享，既提醒我们要关注理财的收益性，还要注重安全性，既要考虑个人利益，也要考虑国家利益。

过渡：具备正确的理财观和财富观有助于丰富我们的物质生活，但只有具备科学的财商思维才能真正实现物质生活与精神生活双丰收。

设计意图：通过亲子观影互动，让大家意识到网络电信诈骗就在身边，自己要成为保护自身财产和人身安全的"第一责任人"，营造"守住钱袋子，护好幸福家"的良好氛围；通过家长专业的视角剖析，体现理财的差异性，帮助孩子们走出理财的误区，助力培育正确的理财观和财富观。

第四环节　财富我创造

活动1：点燃创富欲望我知晓。

师：大家都知道犹太民族是个聪明的民族，他们对财商教育非常重视。在犹太人后裔沙拉的《特别狠心特别爱》一书中，就有财商培养的主题。

三岁：辨认钱币，认识币值、纸币和硬币。

四岁：知道无法把商品买光，因此必须做出选择。

五岁：明白钱是劳动得到的报酬，并正确进行钱货交换活动。

六岁：能数较大数目的钱，开始学习攒钱，培养理财意识。

七岁：能观看商品价格标签，并和自己的钱比较，确认自己有无购买能力。

八岁：懂得在银行开户存钱，并想办法自己挣零花钱。

九岁：可制订自己的用钱计划，能和商店讨价还价，学会买卖交易。

十岁：懂得平时节约一点钱，以便自己有较大开销时使用，如买溜冰鞋、滑板车等。

十一岁：学习辨识商业广告，并有打折、优惠的观念。

十二岁：懂得珍惜钱，知道其来之不易，有节约观念。

十二岁以后：完全可以参与成人社会的商业活动和理财活动。

（摘自《特别狠心特别爱》第 53—54 页）

师： 相比之下发现，我们很少系统地对孩子进行财商教育。为了让大家更清晰地了解我国财商教育的现状，请大家观看一个视频《聚焦两会：财商教育》。

过渡： 没有对比就没有伤害。正如视频中所说：我国的财商教育还是新事物，起步晚、发展慢、尚未形成体系，所以国民财商素养普遍不高。推动国民财商教育发展提速已刻不容缓，迫切需要我们在孩子成长的不同阶段点燃创富欲望、激发创富潜能。

活动 2：激发创富潜能我能行。

师： 对于绝大多数普通家庭而言，虽然不可能给孩子提供资金专门去专业机构参与财商培训，但生活中开展财商教育的契机无处不在。各位家长朋友们，结合您的社会经验和家庭教育，在日常的财商教育过程中怎样激发孩子创造财富潜能？

预设：

家长 1： 对待金钱的不同态度会导致财富思维的差异，保持对金钱的积极态度将有助于孩子们不断进步。

家长 2： 提醒孩子不必过分关注短期的得失，而应该将心思放在长期的发展和更大的谋划上。

家长 3： 坚持自己的优势，不断积累和构建自己的财富护城河。

家长 4： 延迟满足是非常重要的财富习惯，不要受到短视和冲动的干扰在当下花费太多。

师： 刚刚家长朋友们支的招很丰富，有些做法很值得借鉴，因为它们跟《国民财商教育白皮书》（2022 年版）的理念不谋而合。《国民财商教育白皮书》（2022 年版）多角度、全方位、立体化地对国民财商教育这一纵深领域进行了洞察分析，清晰描绘了我国财商教育市场的发展和演化，也对未来发展趋势做出重要展望。我将这份材料发给各位家长朋友们，后面还可以继续系统地学习和交流。

> **设计意图**　家长借助书籍中描述的孩子不同成长阶段的理财内容，结合视频报道的严峻现实，更清楚认识到培养孩子财商的重要性，并从中获得一些方法和内容指导，启迪家长开始有意识地培养孩子的财商。

会议总结

家长朋友们、同学们，今天的家长会让大家意识到财商教育势在必行，让我们从今天开始，重视财商教育，在生活中培养财商思维，让孩子们的未来赢在新起点，助力孩子们成就富足的人生！

会议延展

对重视财商培养的家长和对财商有兴趣的学生，建议但不限于开展以下活动：

（1）家长和孩子可以开展亲子阅读，可阅读财商教育相关书籍，如《财富自由之路》《穷查理宝典》《聪明的投资者》《巴菲特的护城河》等。

（2）带孩子观看《魔鬼营业员》《当幸福来敲门》《大空头》等电影和《富哥哥穷弟弟》《金钱与我》《成为沃伦·巴菲特》等纪录片，并让孩子写出观看感受。

（3）掌管家庭财务一个月，制定预算，给家庭成员分配资金，并记录每一项日常花销。根据一个月财务管理状况，制作家庭财务分析报告。

（4）和孩子选择一种投资理财方式并开通账户进行小额投资，体验投资盈利与风险，树立正确的财富观。

（江西省赣州市南康区第四中学　张　辉）

15. 五项管理：
—— 圆桌咖啡"慧"议，共商五项管理

│ 背景分析 │

现代家庭教育面临诸多挑战，涉及作业、手机、阅读、睡眠和体质管理等。手机管理不规范和课业压力的增加导致学生在阅读习惯、睡眠、体质健康等方面出现问题。在此背景下，2021年3月，教育部特别要求学校加强学生的作业、睡眠、手机、读物和体质等五项管理。但学生所面临的问题和挑战，需要家校共同努力来解决。通过深入分析班级在五项管理方面的实际情况，本次家长会旨在帮助家长了解和应对挑战，共同为学生打造良好的学习和生活环境，促进学生全面发展。

本次家长会参与对象是本班全体家长和学生，在高二开学后第三周以线下活动的方式召开。

│ 会议目标 │

目标	家长	学生
知识层面	了解教育部对作业、睡眠、手机、读物、体质等五项管理的具体要求。	了解教育部对作业、睡眠、手机、读物、体质等五项管理的要求。

续表

目标	家长	学生
能力层面	学会为孩子提供有效的管理策略，促进孩子身心健康发展。帮助孩子养成良好的生活、学习习惯，鼓励孩子自我管理。	学会自我管理的方法，养成良好习惯，保持良好的身心状态。
态度层面	引导家长关注和重视孩子的五项管理，加强家校合作，形成育人合力，共同关心孩子的学习成长。	培养学生积极的学习态度和自律意识，重视五项管理，注重健康发展。

会议准备

1. 材料准备

（1）向家长收集孩子在家和在校学习、运动、阅读等的照片并制作视频。

（2）给家长发放五项管理的相关材料，让家长熟悉五项管理内容，明确五项管理的相关政策及要求。

（3）给家长发放"圆桌咖啡会议"的相关资料，让家长提前明白原则、要求、具体流程。

（4）制作家长会PPT，准备彩色大卡纸、多色水彩笔。

（5）制作"作业管理小组""读物管理小组""睡眠管理小组""体质管理小组""手机管理小组"五个水牌。

2. 环境准备

（1）布置教室前后黑板，写好"欢迎辞""会议主题"。

（2）家长会前按作业、睡眠、手机、读物、体质管理五个话题，将全班学生分成五个小组。家长与自己孩子相邻而坐，便于小组讨论。

3. 其他准备

制作会议邀请函。正面印上会议主题——"圆桌咖啡'慧'议，共商五项管理"，以及班徽、班名；反面印上欢迎辞——"欢迎参加家长会"。

会议过程

师：尊敬的各位家长，大家好！欢迎大家参加本次家长会。国务院教育督导委员会在印发的《关于组织责任督学进行"五项管理"督导的通知》中指出，加强中小学生作业、睡眠、手机、读物、体质管理，关系到孩子的健康成长和全面发展。实现这个目标是我和在座的每一位家长的共同心愿。因此，我们本次家长会的目标是就五项管理的具体内容来分享一些好的做法。期待本次家长会大家能畅所欲言，家校间能共商良策，达成共识，从而促进孩子的成长。我把本次会议主题定为：圆桌咖啡"慧"议，共商五项管理。

第一环节　互动暖场，情境蓄势

师：各位家长，为帮助大家直观地了解班级生活，我在家长会前已经剪辑好了一个小视频，内容主要是我们班学生的一些学习和生活场景，请大家欣赏。

预设：家长们和学生们对视频内容感兴趣，现场气氛活跃。

设计意图：通过展示学生在家、在校的具体场景，一方面让家长和学生感受生动的班级生活，另一方面通过视觉冲击营造良好的会议氛围。

师：家长朋友们，刚才这个视频生动地展现了孩子们学习、阅读、体育锻炼、作业等场景。今天，我们就是围绕这些话题来探讨五项管理的相关措施和做法。看到这个会议标题，大家会不会对"圆桌咖啡'慧'议"这几个字很感兴趣呢？

在本次会议前期，我已通过家校联系群给大家推送了"圆桌咖啡会议"的具体原则及相关流程，现在我再与大家一起温习这一种会议方式。请大家看大屏幕。（PPT出示）

一、会议原则——明确角色定准位，畅所欲言谋良策

组长（主持人角色）：

营造氛围：维持听讲及互动的良好气氛。

促进会谈：充分调动参与者积极思考与主动分享。

把握进度：督促各环节按时完成任务。

内容处理：带领小组归纳、整理、提炼各轮会谈的重点内容。

结果呈现：组织小组成员进行会谈成果的呈现。

组员（参与者角色）：

积极参与：积极说出自己的想法。

耐心倾听：认真听取他人的想法。

建立链接：主动与其他成员建立链接。

二、会议流程——明确流程思路清，思维碰撞定方略

1. 组长负责抽签，确定本组话题，组织大家讨论。

2. 在规定的时间内，组员各抒己见，尽情表达。

3. 组长用心聆听，归纳总结，确保理解了所有成员的意见。

4. 时间一到，组长位置不变，组员开始变换位置，第一组坐到第二桌，第二组坐到第三桌，依次类推。

5. 组长介绍本组话题及上一组讨论的结果，然后开始进行新一轮的讨论，组长把新的意见与上一组的意见进行整合。

6. 每一组成员都会有机会坐到不同的桌上，参与不同话题的讨论。

7. 最后，每一桌的组长归纳所有参与本组话题讨论的成员们的想法，整合好结论，并向大家汇报。

注意：在分组讨论的过程中，参与者不仅仅是表达自己的看法，更重要的是听取其他成员的看法，找到全新的观点或从来没有发现过的盲点。

师： 刚刚与大家一起回顾了"圆桌咖啡会议"的方法和步骤，为保证会议质量，请各小组组长严格执行会议流程，组织本小组成员有序推进会议，高效完成会议要求。现在，请各组长确认每一位组员是否都清楚了会

议流程。

预设： 家长、学生认真学习会议要求及流程，还不清楚会议要求及流程的成员，需向其他家长请教。在明确会议要求和流程后，各位组长从班主任处拿取已准备好的"作业管理小组"等字样的水牌，摆放在本小组桌面上，并做好小组研讨准备。

过渡： 以上展示的就是本次会议的主题、内容、原则及流程，下面，我们就进入具体的讨论环节。

设计意图 通过介绍"圆桌咖啡会议"模式，明确会议召开方式，分组确定小组的具体任务，并了解会议的具体流程，以便会议能有序、有效召开。

第二环节　有序推进，共商方略

主题： 家校有效共育，促进五项管理。

第一轮任务：组内交流研讨，确定初步方案。

师： 下面，请每个小组选出组长和副组长各一名，组长负责统筹本组的会议，副组长负责在第二轮研讨时带领除组长外的成员到其余小组参与相关任务交流研讨。为保证小组研讨有序、高效，我做几点温馨提示：第一，组员们需敞开心扉，各抒己见；第二，组长们需专心听讲，归纳总结，确保理解所有组员的意见并能把相关内容呈现在海报上；第三，请组长与组员共同商议好小组成果海报的设计方案，推荐思维导图、流程图、表格等形式。本轮需要完成的任务如下（PPT 出示）：

1. 组长收集和提炼本小组负责项目存在的问题和困惑。

2. 针对问题和困惑，提出具体的建议和措施。

3. 根据前两点，分成政策和要求、问题和困惑、建议和措施三部分完成小组展示海报初稿。（可借助水彩笔）

预设： 家长和学生就本组存在问题展开交流，并且商议制定相应策略，初步完成本组海报。家长和孩子在讨论中可能会提出下面的一些问题：

作业管理：

（1）家长如何配合学校给孩子创设一个良好的学习环境？

（2）家长如何引导孩子在家写作业时做到专注、高效？

阅读管理：

（1）家长如何培养孩子爱阅读的好习惯？

（2）如何创造亲子共读时光，增强孩子阅读兴趣？

睡眠管理：

（1）家长如何给孩子创造良好的睡眠环境？

（2）家长如何保障和提高孩子的睡眠质量？

体质管理：

（1）家长如何陪伴、督导孩子参加家庭劳动和周末体育锻炼？

（2）家长如何开展亲子户外活动？

手机管理：

（1）家长如何配合学校做好孩子的手机管理？

（2）家长如何引导孩子学会甄别网络信息的利与弊，发挥手机的工具性功能？

过渡： 我发现各个小组讨论都很积极，彼此乐于分享很多不同想法，并及时记录，初步完成了自己小组的海报设计。下面，我们将进入第二轮研讨。

设计意图　通过小组内的家长与学生一起摆现象、谈困惑、提建议，商定出具体的管理措施初稿。以上话题仅供参考，具体的困惑和问题要依据不同的班情来确定，可以灵活处理。每个小组具体商议一个具有共性的问题即可。

第二轮任务：组间交流研讨，补充修订海报。

师： 家长们、同学们，刚刚大家是在小组内部交流，现在，请各组的副组长带领除组长外的成员按之前规定的顺序到其余小组参与交流研讨。以作业管理组为例，作业管理组的成员（组长除外）在完成本组第一轮任务后，可依照手机管理、睡眠管理、体质管理、读物管理的顺序依次参与其他组的交流讨论，提出自己的补充意见。组长继续留在本组，负责组织其他组新加入成员的交流研讨。本轮需要完成的任务如下（PPT 出示）：

1. 组长介绍第一轮交流研讨情况，根据小组海报解读第一轮的研讨成果，让新成员明确本小组的负责项目及具体问题。

2. 组长组织新一轮交流研讨，新加入成员积极参与讨论，组长做好笔记，完善海报。

3. 除组长外的其余成员按之前的规定依次有序参加其余小组的交流讨论，并提出补充意见。

预设： 小组成员会在轮组交流中有新的思考，在参考别的小组海报设计时得到新的启示和灵感，会针对本组话题提出新的修订意见。

过渡： 家长们、同学们，经过两轮的激烈而认真的交流，我们各小组已经就五项管理的核心内容、要求、建议和策略，有了相对深入全面的交流，并且形成相对完善的成果展示。

设计意图 通过调动全体家长和学生的积极性，让他们参与到五项管理海报的讨论和交流中来，通过进一步交流、碰撞，完善小组海报。

第三环节　展示小组研讨成果，形成家校共管方案

师： 经过前两轮的互动、交流，各组已形成了研讨成果，下面，我们进入成果展示环节。首先，需要完成任务如下（PPT 出示）：

1. 组长代表小组在全班面前展示小组成果，解读海报内容。
2. 各组选出一名成员担任记录员。

师： 请按作业管理小组、手机管理小组、睡眠管理小组、读物管理小组和体质管理小组的顺序依次上台分享。每组派一名组员把本组关键信息记录在黑板上的表格里。

项目	政策和要求	现状和困惑	建议和策略
作业管理			
手机管理			
睡眠管理			
读物管理			
体质管理			

预设： 各小组组长就本组海报进行解读，记录员用关键词句记录本组的主要观点。教师根据每组展示情况进行适当点评。

过渡： 刚刚各小组分享了本小组的讨论成果，下面需要制定我们班的五项管理的具体措施，以更好地促进班级发展。

设计意图 通过小组研讨交流，家长和孩子能达成共识，能形成展示成果，黑板上记录好要点的表格，能简洁直观地展示五项管理的核心政策和要求、现状和困惑、建议和策略。

第四环节　根据小组展示成果，发出五项管理倡议

师：（教师指着黑板上的表格）家长们、同学们，这是各个小组讨论出来的问题及解决方案，请大家群策群力，再对这些问题进行深入全面的思考，欢迎大家直接在黑板上补充自己的意见。

预设： 有家长、学生提出更多的建议和策略，完善黑板上的相关措施。

师： 请家委会主任和班长根据今天家长会上研讨出来的成果，组织家长们和同学们拟制《班级五项管理倡议书》，请所有参与会议的人员在倡议书上签名。

预设： 家委会主任和班长组织家长们和同学们拟制倡议书。

班级五项管理倡议书

为了创建一个积极健康的学习环境，我们提出以下班级五项管理倡议，希望全体同学能够共同遵守和参与。

一、作业管理

成立班级作业互查小组，保障作业完成质量。

二、手机管理

倡导每个家庭签订手机使用契约，合理使用手机。

三、睡眠管理

创设舒适的睡眠环境，保障充足的睡眠时间。

四、读物管理

阅读是增加知识和培养智力的重要途径。我们倡导每位同学每天都阅读20分钟，成立班级阅读论坛，每周六晚上召开阅读分享会。

五、体质管理

倡导多参加学校的体育活动和运动项目，保持良好的体质和体魄。

让我们共同践行班级五项管理倡议，积极参与和支持，以营造一个良好的学习环境，促进个人成长和班级进步！

感谢大家的合作和支持。

签名：

过渡： 众人拾柴火焰高。请大家看黑板上的内容，这是我们班集体智慧的结晶，也是班级凝聚力的体现，请大家把掌声送给我们今天参加会议的每一个成员。

> **设计意图**
>
> 通过拟制倡议书，进一步加深认识，达成共识，让全体家长和学生对五项管理的具体要求有深刻的理解和认识，并成为后期开展五项管理的抓手。

会议总结

本次家长会，大家都能积极投入，献计献策，快速高效地形成了我们班的五项管理班级规则。规则是大家定的，接下来就请孩子们自觉遵守，也请家长们认真监督。愿我们的班级越来越美好！

会议延展

（1）家长完成家庭五项管理自查表和计划表。

项目	现状描述	管理措施	本次家长会心得
作业管理			
手机管理			
睡眠管理			
读物管理			
体质管理			

（2）各小组同学根据本组负责项目，设计一个班级活动，在下一周的班会课上展示。

（广东省广州市天河中学　杨换青）

16. 情绪调节：
和情绪做朋友

| 背景分析 |

《教育部办公厅关于加强学生心理健康管理工作的通知》明确指出要加强源头管理，全方位提升学生的心理健康素养。高二下学期期末，学生各科学习难度越来越大，距离高考越来越近，学生所承受心理压力与日俱增，情绪敏感易波动，失眠、焦虑、抑郁等情况多有发生，这种情况多是由平时学习生活中的不良情绪体验引发的。家长也会因孩子学业成绩或者日常反常表现感到焦虑不安，情绪波动较大，甚至出现亲子沟通不畅、矛盾频发等被动局面。为让学生和家长学会调控情绪，做情绪主人，有必要在高二时期召开"和情绪做朋友"主题家长会。

本次家长会参加对象是全体家长和学生，会议时间设在高二下学期期末。

| 会议目标 |

目标	家长	学生
知识层面	了解情绪的特点，识别负面情绪，了解情绪 ABC 理论。	了解情绪的特点，识别负面情绪，了解情绪 ABC 理论，能够认识到情绪是可以调控的。

续表

目标	家长	学生
能力层面	学会观察和理解自己的情绪，掌握情绪调控的方法，能够提升帮助孩子调控情绪的能力，合理宣泄不良情绪。	通过活动，学会观察和理解自己的情绪，掌握情绪调控的方法，提升调控自己情绪的能力，合理宣泄不良情绪。
态度层面	保持积极、乐观向上的情绪状态。	保持积极、乐观向上的情绪状态。

会议准备

1. 问卷调查

● **高中生情绪调查问卷（家长版）**

亲爱的家长朋友：

情绪很少是无缘无故产生的，情绪也不是孤立产生的，而是人与人之间相互影响的结果。根据您对孩子的了解，请您如实填写该问卷：

1. 您孩子对一些事情会做出激烈的反应。
   A. 偶尔　B. 经常　C. 从不

2. 您孩子喜欢大吵大闹乱砸东西发泄情绪。
   A. 完全符合　B. 基本符合　C. 不太符合

3. 孩子遇到困难情愿选择逃避。
   A. 完全符合　B. 基本符合　C. 不太符合

4. 您孩子容易受到周围人情绪的影响。
   A. 偶尔　B. 经常　C. 从不

5. 您孩子会向您倾诉自己的情绪。
   A. 偶尔　B. 经常　C. 从不

6. 您的孩子有过不良情绪，但能够较快恢复。
   A. 完全符合　B. 基本符合　C. 不太符合

7. 您孩子特别激动时会深呼吸让自己平静。
   A. 完全符合　B. 基本符合　C. 不太符合

8. 孩子发脾气的时候我也会很生气。

  A. 完全符合 B. 基本符合 C. 不太符合

9. 自己情绪不好时对待孩子就会没耐心。

  A. 完全符合 B. 基本符合 C. 不太符合

10. 您会告诉孩子一些排解情绪的方法。

  A. 有时 B. 从来没有 C. 经常

● 高中生情绪调查问卷（学生版）

亲爱的同学们：

  我们不是不要情绪，而是不要被情绪左右。欢迎参加本次问卷调查。

1. 你的性别？

  A. 男 B. 女

2. 你每天开心吗？

  A. 每天都开心 B. 偶尔不开心 C. 偶尔开心 D. 不开心

3. 你感觉自己学习压力大吗？

  A. 很大 B. 一般 C. 较小 D. 没有压力

4. 你觉得自己学习的动力主要源于？

  A. 对学习的兴趣

  B. 家人的期望

  C. 自己的理想和前途

  D. 没有动力，不想学习

5. 你认为自己正能量多一些还是负能量多一些？

  A. 正能量多 B. 负能量多 C. 一样多 D. 不清楚

6. 是否会因为一次测验差而难过？

  A. 会 B. 有时会 C. 不会 D. 不清楚

7. 你在生活中产生的不良情绪是否会带到人际交往和学习中，给你造成困扰？

  A. 会 B. 有时会 C. 不会 D. 不清楚

8. 你觉得你什么时候会容易出现情绪低落？（多选）

　　A. 被老师批评　　B. 成绩下滑　　C. 父母不理解

　　D. 同学、朋友不信任　　E. 很多小事

9. 当你情绪低落时你会？（多选）

　　A. 沮丧、郁闷　B. 想哭或哭　C. 睡眠不好　D. 大吃一顿　E. 自杀

10. 发生不开心的事，你的态度是？

　　A. 找家人或朋友倾诉　　B. 去心理辅导中心找老师咨询

　　C. 出去走走或一个人静静　　D. 参加体育或艺术娱乐项目

11. 你是否希望自己有机会学习情绪管理，进而改善人际关系？

　　A. 是的　B. 不是　C. 视情况而定　D. 无所谓

2. 材料准备

（1）制作 PPT 课件。

（2）下载视频：《踢猫效应》。

3. 环境准备

可容纳学生家长和学生的 100 人以上的教室或会议室。

4. 其他准备

（1）教师阅读《情商 15 课》等书籍。

（2）提前向家长和学生征集日常生活中情绪失控案例。

（3）准备好情绪日记记录纸。

会议过程

师：尊敬的家长、亲爱的同学们，我们刚才做了有关情绪的调查问卷，接下来我们一起来做个小实验。小王故意碰倒了小李放在课桌上的可乐碳酸饮料，此时小李的心情是什么样的？

生： 非常生气、恼火、不满……

师：（拿起可乐瓶子，使劲摇晃碳酸饮料）我们该如何安全地打开瓶盖呢？大家有什么好的办法吗？

预设： 学生可能回答再静置一会儿，或放在冷水下冲洗瓶子减少压力等。

师： 可见，要想安全打开瓶盖，都需要泄压。有时候我们的情绪大爆发的时候，就像此时的碳酸饮料，我们又该如何调整自己，安全释放自己，和情绪和平共处呢？今天我们一起来学习"和情绪做朋友"。

过渡： 生活是一面镜子，你用什么样的心态对待它，它就会怎样回应你。无论是家长还是孩子，我们很多人都会被情绪困扰。情绪是什么？情绪来自哪里？当情绪产生之后我们该如何看待？作为家长，我们应该如何去疏导孩子的情绪呢？又如何调整自己的情绪呢？

设计意图 通过生活中小实验，引发学生和家长的共鸣，进而形象引出本次家长会的主题。

第一环节　烦恼对对碰——识别负面情绪

（PPT 出示案例。）

小张是一名准高三的学生，在高二下学期的期中考试中他获得了全班第一名的好成绩，为此他兴奋了一整天，认为自己很不简单，感觉周围的一切都是那么美好。

可是好景不长，在期末考试中却考砸了，他一夜没合眼，认为自己很无能、很丢人，无法和父母交代。第二天，同学小李说风凉话了：小张，全班第一名可不是那么好拿的，上一次你是瞎猫碰上死耗子——撞上了吧。小张一听心里顿时升起一股无名的火，咽不下这口气，于是一拳打过去……小李把这事告诉了班主任，小张知道自己这下闯了祸，又后悔又害怕……

师：请问各位，从期中考试到期末考试，再到听见小李说风凉话，没忍住出拳打了小李，并被告到班主任那里，小张的心情是如何变化的？

预设：学生会说小张的心情起伏很大，由开始时的开心、兴奋到苦恼、暴躁，然后是气愤、无法控制怒火，到最后的后悔和害怕。

师：总结一下就是小张同学表现出"喜、怒、哀、惧"四种情绪类型。情绪表达着内心独特的感受，传递着一个人的内在需求和愿望。情绪经常左右我们的心情，进而左右我们的言语和行为。下面我们请两位家长和学生分享自己生活中情绪变化的例子。

1. 情绪体验分享

家长代表发言：周末我下班回家，一进门看孩子在玩手机，心里很不愉快，就问孩子："作业写完了吗？"孩子一脸得意地说："早就做完了！"这时手机响了，看到钉钉群和微信群里老师在催作业，一阵怒火涌上心头，一把夺过孩子的手机狠狠地扔在了沙发上，忍不住吼道："马上高三了，作业做完就不能多练点题？这不老师在催作业，还有你的名字呢！你糊弄谁不行，糊弄自己？还有一年就高考了，我看你能有个啥结果！"本来加班一天就够累的，一周没见儿子，欢喜得不得了，就因为看他在玩手机，一切都觉得乌烟瘴气的……

学生代表发言：其实这位家长说的这种情况，我也遇见过，我一碰手机老妈就以为我一直在玩，压根没学习，一脸的不高兴。老爸更是这样，一看见我就说：周末回来了还不赶紧做作业，不会的好好补补？隔壁家小姐姐考上了双一流大学……我周末的好心情全毁了。

师：还有哪些家长和学生愿意分享自己的情绪变化例子呢？

预设：家长也可能说，当孩子和自己意见发生分歧时，孩子越想表达自己的观点和意见，自己就越恼火；学生也可能说，父母不了解情况，对自己指手画脚，干预太多，解释了父母也不听，自己就很郁闷，感觉与父母无法沟通。

师：通过大家的倾诉，我们看到了家长的愤怒和希望，也看到了孩子的

委屈和忧郁。其实情绪的产生总是和个人的心理需要相联系的。(PPT 出示)

当我们的愿望、要求、需求得到满足时,就会产生积极的情绪,如高兴、快乐、兴奋等。

当我们的需要、愿望和要求得不到满足的时候,就会产生消极的、否定的情绪,如烦恼、忧愁、失望、痛苦、急躁、愤怒等。

师: 情绪是一种心理和生理的唤醒状态。它是一种神奇的力量:可以使你精神焕发,也可以使你萎靡不振;可以使你冷静理智,也可以使你暴躁易怒;可以使你安详从容,也可以使你惶惶不可终日;可以使你的生活甜蜜快乐,也可以使你的生活抑郁黯淡无光。

2. 我的烦恼谁知道

师: 你是否与父母的价值观不同而经常产生矛盾?你是否因理想与现实的差距而感到焦虑?根据自己的理解和感受,请大家解读自己当时的情绪状态,并思考这种情绪可能会产生什么后果。请大家分小组进行讨论。

预设: 学生可能会说,如果与父母意见不一致,会惹父母生气,如此下去就不愿接受父母的意见,不愿意回家,感情变得淡薄,影响亲子关系,父母也会不开心,影响身体健康。家长可能会说,当孩子遭受挫折时,理想和现实之间有了距离,孩子会沮丧,失去信心,长此以往,孩子对自己的能力会产生怀疑,觉得自己什么都做不好,这种情绪需要及时排解。

师: 感谢各位家长和同学的分享,以上几种负面情绪如果处理不当,除了对自己产生不良影响外,还会对周围的同学和家人产生怎样的影响呢?请看视频《踢猫效应》。

3. 播放视频《踢猫效应》

师:《踢猫效应》描绘的是一种典型的负面情绪的传染。每个人都有情绪低落的时候,我们如何觉察自己的情绪,及时调整和管理呢?(PPT 出示)

当孩子出现一些情绪问题时，我们家长需要合理及时地介入。

案例：期中考试后，小丽得知自己考得十分不理想，回家后闷闷不乐，把自己关在屋子里。作为家长此时应该怎样做呢？

1. 觉察情绪：知道成绩后你很伤心。
2. 说出情绪：有这么大的落差确实让人很失望。
3. 接纳情绪：如果换作是我，我可能比你还伤心。
4. 疏导情绪：我们做些什么能让自己感受好起来呢？先把这个事情放一放，我们先去吃个大餐吧！等回来了我们一起好好分析一下，相信你前段时间的努力一定不会白费的。

过渡： 通过这个例子，各位家长应该能够感受到，面对孩子的不良情绪时，我们要做的就是觉察孩子的情绪，让孩子主动说出感受和愿望，学着接纳孩子的情绪，启发孩子找到解决问题的办法。

设计意图 通过常见的事例，让家长能够识别负面情绪，通过视频了解负面情绪带来的危害，引导家长通过觉察情绪、说出情绪、接纳情绪和疏导情绪四个步骤正确处理孩子的情绪。

第二环节 "情绪杂货铺"——接纳情绪

（PPT出示游戏规则。）

老师是情绪杂货铺的老板，收售各种情绪，如快乐、希望、悲伤、嫉妒、焦虑、愤怒、惊喜、信心、烦躁、害怕、失落……

学生或家长是买主，用困扰自己的情绪来交换。想买东西的必须拿出自己拥有的特质来交换，并说明该特质的其他用途。

师： 下面请同学们积极参与，根据你的需要，提出诉求和交换条件，我开始向你售卖情绪。

预设：有学生说想购买信心，用焦虑和烦躁来交换，信心能让人强大、成功。有的学生说想购买勇气，用忧虑来换，勇气可以使人不断前行、无所畏惧。还有学生说想购买快乐，用优柔寡断来换，快乐可以使人更愉悦、更幸福。

师：同学们展开想象，有购买信心和勇气的，有兜售悲伤和焦虑的，都表达了自己的想法。

过渡：与此同时，大家也看到了负面情绪并非洪水猛兽，存在即合理，没有坏情绪，只有用不好的情绪。我们应该接纳消极的负面情绪，试着拥抱它。

设计意图　通过情绪的售卖，让家长和学生知道，情绪没有好坏之分，消极情绪也有它存在的价值，同时引出下文的情绪调控。

第三环节　情绪 ABC 理论——调控情绪

1. 情绪小故事《老奶奶和他两个儿子的故事》

从前，有一位老奶奶，她有两个儿子，大儿子卖雨伞，小儿子开了家洗染店。雨天，老奶奶担心洗的衣服晒不干，晴天则担心大儿子的雨伞卖不出去，每天忧心忡忡……直到有一天，老奶奶遇上邻居，说，奶奶您好福气，一到下雨天您大儿子的雨伞卖得好，天一晴，您小儿子的店里生意好，真让人羡慕！

师：老奶奶和他两个儿子的故事表明，一个人的情绪和我们自己的态度紧密相连，我们可以通过改变自己的态度来控制自己的情绪，情绪是可以调节的。

2. 情绪 ABC

情绪 ABC 理论是美国心理学家艾利斯提出的，具体内容是：

A. 表示诱发事件。

B. 表示个体对此诱发事件产生的一些信念，即对这件事情的一些看法、解释。

C. 表示产生的情绪和行为的结果。

师： 通常人们认为人的情绪是由诱发性事件 A 引起的，ABC 理论则指出，诱发性事件 A 只是引起情绪的间接原因，而人们对诱发性事件所持的信念、看法和解释 B 才是引起情绪更直接的原因。我们可通过调整和改变我们对事物的认知和看法，改善和管理我们的情绪。那我们如何运用情绪 ABC 理论来分析"双减之下，取缔辅导班"这件事情呢？（PPT 出示）

A. 双减之下，辅导班取缔。（事件）

B. 在家学习，不知道怎么做，效率很低，担心自己被超越。（看法）

C. 感到焦虑影响学习状态。（结果）

A. 双减之下，辅导班取缔。（事件）

B. 自主学习，做好时间规划，这才能真正支配自己的时间。（看法）

C. 学习状态较好，心情愉悦。（结果）

3. 控制情绪的好方法

（1）注意力转移法：改变注意的焦点，做自己喜欢感兴趣的事情，改变环境。心理学研究表明，一个人产生某种情绪，头脑会产生一个较强的兴奋区，这时如果另外建立一个或多个兴奋区，就可以冲淡或抵消它。

（2）合理发泄法：想哭就哭、向他人倾诉、剧烈运动、大声歌唱。

（3）理智控制法：自我解嘲、自我暗示、自我激励、心理换位、学会升华。

过渡：通过情绪 ABC 理论，我们认识到情绪是可以调节的，采用一定的方法可以有效控制和调整我们的情绪。每个人对待情绪的方式各不相同，那就请大家及时记录自己的情绪，以便更好地调节。

（设计意图）通过小故事认识情绪是可以调节的，而情绪 ABC 理论解释了调整情绪的本质，调整情绪的方法为情绪调节提供了抓手。

第五环节　情绪记录——我的情绪我做主

师：在生活中，经常会遇到不想用上述调整情绪的方法，此时我们可以做好情绪记录，把脑袋中那个不合理的想法赶走。

第一步：记录让你心烦的一件事。（A 事件）

第二步：记录下你的感受。（B 看法）

第三步：记录下这件事情你认为合理的地方。（C 结果）

第四步：记录下这件事情你认为不合理的地方。（C 结果）

第五步：再次写下你认为这件事情合理和不合理的地方。（C 结果）

师：请家长和同学分别练习记录情绪，和自己孩子或其他家长进行交流展示。

过渡：情绪的记录，有利于我们对自我情绪的了解，改变自己的认知和思维方式，进而对情绪进行有效调节。

（设计意图）通过记日记的方式，反思脑海中不合理的想法，扩大合理想法的空间，逐渐改变思维方式。

会议总结

各位家长朋友们，各位同学们，月有阴晴圆缺，人有喜怒哀惧。今天我们一起认识了情绪，情绪是可以调节的，愿我们每个人都可以以恰当方式来表达情绪，用适当方法调控情绪，和情绪做朋友。

会议延展

（1）后续准备再召开"心态调整"主题家长会，学会控制情绪，调整心态。

（2）记录自己的情绪，写好情绪日记，控制好自己的情绪。

（3）给家长推荐阅读书目：《正面管教》《情商 15 课》《懂心理，带好班》《积极心理学》《情商是什么》。

（4）做好个别学生情绪调节的跟踪记录。

（河南省郑州市第十一中学　范静霞）

17. 高三备考：
直面高三，携手同行

背景分析

高考是教育的重要一环，以"立德树人"为根本目标，通过考试评价实现引导育人与科学选才的协调统一。高考是人生道路中的重要节点，是学生和家庭的关键大事，走过高考，意味着人生开启了新的篇章，拥有了更广阔的天地。

高三伊始，就要进行长达半年的一轮复习，为了让学生科学应对，扎实备考，让家长摆正心态，调整角色，陪伴孩子经历高三，顺利通过高考，进入高三不久，需要召开一次高三备考家长会。

本次家长会召开的时间是高三开学的第一个月，参加人员是高三学生和家长。

会议目标

目标	家长	学生
知识层面	了解高三学习特点及一轮复习进度安排，便于掌握孩子复习动向。	认识高三一轮复习重要性，树立科学备考信心，便于做到有效复习。

续表

目标	家长	学生
能力层面	明确高三家长应该具有的心态和职责，能帮助孩子明确学习目标；能帮助孩子缓解高考压力，做到科学备考。	在家长的帮助和指导下，制订明确的复习计划，能积极调试心态，增强抗压能力。
态度层面	树立正确的高考观念，充分相信孩子，关心孩子备考需求，指导孩子顺利度过高三。	理性分析个人学习特点，愿意和父母一起制订复习规划，找准突破口，迎难而上，百折不挠。

会议准备

1. 材料准备

提前录制学生高三寄语视频和家长高考加油视频，并进行配乐剪辑。制作班会PPT，下载班会所用音乐和图片资料。

2. 环境准备

教室干净整洁，桌椅摆放整齐，教室前黑板写好欢迎辞和家长会主题；打印学生座次表并张贴在门口，引导家长坐在学生对应座位上。

3. 其他准备

跟踪拍摄班级同学的一天，穿插拍摄任课老师课堂授课及课下辅导学生的照片。

会议过程

师：感谢各位家长莅临本次家长会，一起商讨高考备考大事。高三就是"高山"，孩子们正处在"爬山"的关键时期，在这个关键时刻，我们把各位家长请来，共同关心、了解、分析学生的学习和生活状况，家校共同努力，给孩子适当的帮助和推动，让孩子在高考中能最大限度地发挥实力，为明年高考的最终胜利提供最有效的保障。我们今天家长会的主题是"直面高三，携手同行"，通过这次家长会我们争取做到齐心协力，共创2304班高考辉煌。

第一环节　畅所欲言——树立正确的高考观

师： 亲爱的家长朋友们，您眼中的高考是怎样的？您是如何看待高考的呢？请大家畅所欲言，积极分享您的看法。

（PPT出示：您眼中的高考是怎样的？您是如何看待高考的？）

预设： 有的家长说高考是一场没有硝烟的战争，高考是一段奋斗的青春，高考是人生的重要转折，是新生活的开启；有的家长说高考会影响孩子一生，不容有半点偏差；有的家长说高考是人生的一个重大节点，但不是终点，要理性看待……

师： 感谢各位家长的分享，我们暂且不对此做评判，先请大家看几个真实的案例。（PPT出示）

材料一：

2013年6月9日，辽宁省营口市一位复读考生核查高考答案后，投河自杀；

2016年2月24日，陕西省西安中学一位18岁高三学生自杀身亡；

2017年6月7日，辽宁省朝阳市一位22岁复读生跳楼自杀；

2019年2月26日，甘肃省兰州市一位高三学生跳黄河自尽；

2023年9月14日，海南省澄迈中学高二年级学生王某跳楼身亡；

……

材料二：

新东方创始人俞敏洪经历了三次高考，他的英语成绩从33分到55分再到93分，最终被北京大学录取。俞敏洪说：只要自己不放弃自己，任何人都打不倒你。

师：家长朋友们，听了以上几个真实的案例，您的感受如何？我们究竟应该如何看待高考呢？"学生的工作，就是学习！""你们现在除了学习，什么都不要想！""高考就是你们现在的唯一奋斗目标！"您有没有对孩子说过类似的话呢？在中国，高考被视为人生的重要节点，许多人将前18年的生活都用于准备这场考试。然而，高考不是人生奋斗的终点，它只是人生短暂的一个片段，我们切不可将高考"妖魔化"，家长为此担惊受怕，紧张焦虑，吃不好饭，睡不好觉，上不好班，过度担心孩子的成绩，过度操心孩子的起居，无形中给孩子增添了额外心理负担。相反，家长应该学会自我减压，科学对待高考，和孩子并肩作战，共同度过这段难忘的时光。

过渡：家长能树立正确的高考观，接下来就要指导学生扎实备考，做好一轮复习。

> **设计意图** 引导家长先树立正确高考观，体会高考备考的意义，学会自我减压，在此基础上，再帮助孩子减压，进而树立正确高考观。

第二环节 专业展示——一轮复习的重要提醒

师：一轮复习是学生对高中所学知识的全面回顾，也是查漏补缺、能力提升的关键时期。因此，恰当地掌握一轮复习方法对于学生成绩的提升至关重要。（PPT出示）

一轮复习时间：8月初到12月底，持续时间长达5个月。

要稳扎稳打，忌急于求成：一轮复习重基础，上课要紧跟老师节奏，认真揣摩每个知识点，弄清每一个原理。

要平心静气，忌心浮气躁：重视基础知识的系统性，静下心来去复习。多梳理，勤总结，手脑心并用，提升复习效率。

要目标清晰，忌盲目刷题：复习要有目标、有方向、有计划、有落实，高效复习。一轮复习的练习针对性强，求质再求量，做好方法总结和题型归纳。

要重基础，忌钻偏难怪题：高考命题80%考查的是基础知识和基本方法，复习时要把基础知识放在首位，不要把主要精力放在偏难怪题上。在一轮复习中全面细致地回顾学科基础知识，对概念、定理、定律等强化理解记忆，做到重点突出、难点突破、考点认识理解到位。学习能力强的学生可加大知识深度，攻克高考压轴题；学习能力弱的学生应该拓展知识宽度，打牢基础，反复复习。

要培优补弱，重视纠错：优势科目要精心打磨多提分，弱势科目要主抓基础不失分。重视错题，做好错因分析，对错误思路、错误计算、误看漏看情况做提醒和标注，找出知识原型，及时翻看课本和笔记，查漏补缺，精益求精。

师：家长朋友们，请您务必引导孩子重视一轮复习，这是巩固高中基础知识的最佳机会。同时要鼓励孩子课堂上认真听讲，紧跟老师思路，不要自以为已经理解而放松警惕。一定要相信老师，脚踏实地，不要盲目自信，自命不凡，这样孩子才能成为学习高手，成为最后的成功者。

过渡：高三备考节奏紧张，孩子们在学校一天时间是如何安排的呢？

设计意图 通过给家长讲解一轮复习的重要性和关键提醒，让家长和学生一起讨论制订高三一轮复习计划的时候更有方向。

第三环节　情景再现——高三学生的一天

师：高三学生学习节奏紧张，一天近13个小时都被安排得满满当当，让我们通过一组图片感受高三学生的一天。（PPT出示）

1. 6:00 起床洗漱，6:20 吃早餐，6:40 进班开始早读。语文老师布置早读任务，检查早读背诵情况。

2. 7:40 上午第一节课正式开始，学生们瞪大眼睛铆足精神听数学老师讲课，生怕错过一丝一毫知识点。

3. 9:10 课间，一下课同学们就围住物理老师，追问不会的问题，老师耐心解答学生问题。

4. 10:00 大课间，学生到操场跑操，班主任跟操。课间操一结束，同学们跑着穿过人群，冲进教室，利用大课间最后的几分钟时间，快速去水房接水后回到座位上结合自己需要巩固的知识点学习。

5. 12:00 放学，同学们开始午餐。12:50 学校开始静校，午值班老师到岗，督促学生安静下来，或休息或学习。

6. 14:00 学生打扫卫生，14:15 开始语文或英语练字，14:30 下午第一节课开始上课。

7. 16:00 下午第二节课下课，课间宝贵的十分钟，学生可以跑一趟洗手间，可以接一杯开水，可以把课上没听懂的地方在笔记上标出来，可以拉住老师求教怎么都解不出的那道题，也可以趴桌上休息一下为下节课储蓄精力……

8. 17:20—18:10 学科自习辅导，教师进班讲解试卷或者组织学生限时测试。

9. 18:10—18:50 晚饭和活动，有的学生去操场跑两圈，或者拉几个引体向上，或者打一会儿羽毛球，或者来几分钟跳绳……有健康的身体是跑赢高三的基本保障。

10. 19:00—22:00 晚自习，学生进入自主学习阶段，及时梳理当天所学，认真完成各科作业，值班老师在讲台前随时等候答疑。

11. 22:30 学生就寝休息，班主任到宿舍清点人数，提醒大家按时就寝。

师：看完高三学生的一天，家长有何感想？请家长积极发言。

预设：家长会说老师和学生都很辛苦，每天重复一样的高强度劳作，真心不容易；有的家长说看到孩子努力拼搏的状态，就看到了青春最美好的样子；有的家长说不以结果论英雄，只要孩子一直保持努力，问心无愧就好……

师： 有人说高考就是一场"攻坚战"，但毫无疑问，孩子不是在"孤军奋战"。在他们的背后，有班主任和任课老师、有在座的各位家长等一群"最亲密的战友"，这些并肩作战的"战友"无疑会成为孩子们最坚强的后盾。相信咱们三方配合，一定能打赢高考这场硬仗！

过渡： 高考是整个家庭的大事，那么家长该如何陪伴孩子度过高考呢？

设计意图 通过展示高三学生的一天，让家长深刻感受到高三学子和高三老师的辛苦与不易，这种情感共鸣，能够让家长更加理解孩子，尊重老师。

第四环节　科学指导——做一名会陪伴的高三家长

师： 高三是孩子们成长过程中的飞跃期、突破期，高强度的练习、学习成绩的起伏、巨大的竞争压力、考试焦虑等都会对孩子的心理状态产生极大的影响。面对孩子的心理波动，家长们有时会感到心有余而力不足，想要给孩子适当的建议却又无从下手，事实上家长的温馨陪伴就是对孩子最大的支持。做一名会陪伴的高三家长，最重要的是要弄清楚高三学生心理的四个阶段。（PPT出示）

高三学生心理的四个阶段：
（1）激情期。

学生表现：高三开始的前两个月是孩子准备高考过程的激情期，这时孩子的表现为积极、勤奋、努力、投入、充满信心，相信通过自己努力一定能在高考中取得理想成绩。这个阶段学生斗志满满，会有非常高的学习效率以及非常浓厚的学习兴趣。因此，这个阶段的学生学习热情高涨，复习效果会非常好。

家长对策：家长要做的工作就是肯定鼓励，默默支持，保障后勤供给，帮助孩子制订符合自身特点的学习计划，让孩子尽情释放激情能量，帮助孩子将学习效果达到最大化。

（2）疲惫期。

学生表现：无论刚开始多么有激情，总会有归于平淡的时候，12月至明年1月是孩子心理的疲惫期，学生表现为：身心疲惫，情绪低落，心情烦躁，学习压力也逐渐达到顶点。而且由于这个阶段学校的一轮复习开始进入白热化，一模考试就在眼前，要复习的知识以及要进行的测试越来越多，很多学生渐渐开始力不从心。

家长对策：家长要做的工作是营造轻松愉悦的环境，帮助孩子减压，让孩子进行适当的放松和调整，学累了就休息一下，可适当进行娱乐活动。不要因生活小事与孩子发生争吵，不要着急，相信孩子在老师的帮助下，很快会调整好的。

（3）否定期。

学生表现：明年2月到4月份，随着二轮复习的到来，模拟考试频率加快，很多学生成绩起伏波动，甚至不断下滑，感觉付出和回报不成比例，对自己能力产生了严重的自我怀疑。烦躁失望、苦恼无助，学习效率越来越低，进而开始自我否定，丧失信心，不敢确定自己能否考取理想大学，大脑一片迷茫。

家长对策：这时候孩子最需要家长的鼓励，家长要肯定孩子的辛苦付出，开导孩子正确看待模拟考试，利用考试不断查漏补缺、夯实基础，借助考试让知识更系统、更全面。让学生谨记：成绩和名次都只是暂时的，那些数字不是名誉或耻辱，而是分析度量自己的尺子、激励自己不断前行的鞭子，希望下次考试，是这一次考试经验的升华。

（4）焦虑期。

学生表现：明年5月份，随着高考的临近，所有孩子都会或多或少产生恐惧心理和焦虑心理，表现为失眠、食欲不振、情绪不高、考前紧张。

家长对策：高考前学生出现情绪焦虑是非常正常的状态，家长不必过于担忧，要稳住神，不能自乱阵脚。家长要明确这个阶段的重点不再是复习知识，而是调整心态，保持好情绪，调理好身体，每天给孩子说一句鼓励的话语，给孩子一个温暖的眼神，给孩子一个温情的拥抱，缓解孩子的焦虑情绪。

师：家长在孩子累的时候多一些关心，在孩子无助的时候多一些帮助，在孩子泄气的时候多一些鼓励，在孩子犯错的时候多一些宽容。陪伴孩子的过程也是一种修炼，他的成长只有一次，我们的陪伴也只有一次，让彼此因爱的陪伴变得更加美好。

过渡：有了家长的温馨陪伴，孩子备考就更有信心了！

设计意图　通过分析高三学生心理的四个阶段，让家长了解每个阶段学生的具体表现，给家长支招如何做到科学陪伴，让家长做到心中有数，为更好地陪伴孩子提供方法指导。

第五环节　树立信心——开启高三奋斗新篇章

师：开学前，我让孩子们录制了高三寄语视频，也让家长给孩子们录制了高三加油视频，为高三开学做了充分准备。"高三高考高目标，乐学善学上好学"，让我们用这些仪式感满满的视频开启高三奋斗新篇章。

（PPT 播放剪辑视频《高三，我们来了》《亲爱的孩子，高考加油》。）

预设：学生和家长将视频提前录制好发到指定邮箱，专人剪辑配乐，形成学生版和家长版两个视频。学生寄语可能有：高三已至，万舟竞发，百舸争流，时不我待；高三一年有苦有累，有欢乐有收获，希望自己能沉心静气，高效拼搏；高三一年少一些焦虑，多一些拼搏，少一些功利，多一些坚持；希望高三遇到更加刻苦、更加自律、更加优秀的自己；但行好事，莫问前程，既然选择了远方，便只顾风雨兼程……家长寄语可能有：愿你拼一个秋冬春夏，赢一个无怨无悔；希望孩子能争分夺秒，脚踏实地，只争朝夕，用拼搏的汗水浇灌无悔的高三；心态平和，行动积极，加油向前冲，父母永远是你最坚强的后盾；希望孩子能积极锻炼身体，克服心理压力，努力拼搏，不负青春不负己……

师： 各位家长，本次家长会接近尾声，参加本次家长会您有什么收获呢？请谈谈您的认识。

预设： 家长谈高三家长角色的定位，谈对高考的科学认识及正面鼓励孩子的重要性，同时对学生高考做美好期待并进行祝福。

> **设计意图** 学生寄语及家长加油视频为高三学习拉满仪式感，家长代表发言让家长有更高的参与度和更强的代入感，进而对高考充满信心。

| 会议总结 |

家长朋友们，本次家长会我们深入了解了高三的学习特点，深刻感受了高三学生辛苦又充实的一天，明确了高三学生经历的四个阶段，也倾听了孩子和家长对高三的期待与祝福。我相信，大家对如何成为一名优秀的高三家长有了更深刻的认识。高考就像是一场马拉松比赛，最后的1/3决定最终胜负，我们需要您陪伴孩子一同跑完最后的关键路程。这是一种幸福并且充满希望的陪伴，我坚信，您一定能成为一名优秀的陪跑员！让我们携手同行，直面高三，共同期待孩子们最后的胜利！

| 会议延展 |

（1）结合家长会一轮复习建议和提醒，家长和孩子一起制订各科一轮复习计划，并督促孩子落实。

（2）推荐家长阅读《与孩子一起成长：亲子关系中的心理学智慧》，从书籍中汲取智慧，让孩子赢在成长的关键期。

（河南省郑州市第十一中学　敬小娟）

18. 复习指导：家长有"位"，学生有"为"

背景分析

随着《中国高考蓝皮书》《中国高考评价体系》等高考相关文件的陆续发布，"高考硝烟"越来越浓，高三一线师生的思想越来越紧张。经过高三数次考试，学生各科成绩起伏不定，心理压力与日俱增，深感时间紧张，任务繁重，暴露出学习目标不明确、思考不透彻、方法不灵活、复习效果不佳等问题。此时，需要家长帮助学生重新梳理复习规划、指导学生科学记忆、提高备考效率，充分发挥家长主导角色，做学生备考的坚强后盾。

本次家长会召开的时间是高三 11 月初，参加人员是高三学生、家长及班级科任老师。

会议目标

目标	家长	学生
知识层面	了解高三各科一轮复习的要求，理解几个常见的心理学效应，知道如何帮助孩子制订复习规划。	了解高三一轮复习重要性；懂得抓住复习机会，制订科学的复习规划，扎实高效复习。

续表

目标	家长	学生
能力层面	家长明确备考期间职责，学会收集备考素材，家长能倾听孩子内心想法，能尝试运用心理学效应指导家庭教育。	在家长的帮助和指导下，能制订科学合理的复习规划，会科学分析各科成绩，明确如何巩固优势学科，突破薄弱学科。
态度层面	树立较强的责任意识、参与意识，关注孩子心理状态，愿意尽自己所能为孩子助力。	相信自己的能力，客观分析个人性格及学习特点，优化备考规划，并努力坚持下去。

会议准备

1. 材料准备

学生自制书签，准备"说说我的备考需求"的书信，班主任设计"高三历次考试成绩记录册"，制作班会 PPT，下载班会所用视频和图片资料。

2. 环境准备

教室前后黑板书写欢迎辞和家长会主题，桌子摆放整齐，制作孩子姓名桌签放于课桌上。

3. 其他准备

学生情景剧排练，邀请任课老师现场进行学法指导，邀请优秀家长代表分享学生学习规划经验。

会议过程

会前暖场："水杯实验"。班主任拿着一个空杯子，先往里面放入大石块，然后再倒入小石块，再填入沙子，最后再倒入水，最终空杯里面盛满了不同的物质。若颠倒顺序，空杯里先倒满水，再放石块和沙子水就会溢出。

师： 亲爱的家长们，通过刚才的小实验，我们感受到了不同的规划方案可能会带来完全不同的结局。人生就如同这个空杯子，只有做好规划，才能拥有更多自由选择的权利。同样，我们只有把高三复习规划好了，复习备考才能精准施策，靶向发力。

高三开学已经三个月有余，各科一轮复习已经进行大半，我们都深感时间紧迫，任务繁重。通过前期的几次模拟测试，有的孩子体会到了成功的喜悦，备受鼓舞；有的孩子则受到打击，心情郁闷。高三以来，提升学生成绩的关键因素除了健康的身体、良好的情绪、不懈的坚持外，还有一个重要的方面，就是制定清晰可及的目标，即要做好学业规划，明确备考方向。有句话说得好："努力的方向比努力的程度更重要。"在高考备考这条路上，把握好方向不跑偏是大前提。因此，今天家长会的主题是"家长有'位'，学生有'为'"，家长赋能成长，助力学生远航。

第一环节　贴心服务，做一名优秀的"勤务员"

师： 随着新高考变革，高考知识点、考题方向等内容都有了很多变化，父母要相信老师的教学能力和孩子的学习能力，他们可以教好、学好。但家长也绝非是"甩手掌柜"，家长要参与学生的成长，也要关注学生的学习，多数学生也希望从父母那里汲取力量，寻得帮助，可以说家长是学生生活和学习的"勤务员"。对此，家长有什么值得分享的经验吗？

（PPT 出示：科学指导，作为一名优秀的"勤务员"，您会怎么做？）

预设： 家长可能会说，父母可以在沟通中询问孩子的需求，引导他们自己去想办法，并给予力所能及的帮助，比如询问孩子作息的安排、课程的安排、需要的食品和书本资料、喜欢的学习方式、是否需要代为保管手机等。

师： 感谢各位家长的分享，不同学科有不同的学习方法，也对应有不同的准备内容，我们请语文、数学、英语三个主科老师从各自学科角度谈谈家长可以做哪些工作。

语文老师概括：

近年高考命题与社会热点、主流价值观贴合越来越紧，且需要较强的思辨能力，平时要多利用碎片时间阅读报刊，关注社会，思考人生。

1. 推荐家长为学生购买或者征订以下报刊资料：《作文素材（高考版）》《创新作文（高中版）》《光明日报》《中国青年报》。

2. 建议家长平日浏览时事评论、美文佳作，可及时收藏，整理打印，与孩子共享。推荐公众号：闲时花开、拾遗、人民日报、思想聚焦、语文报等。

3. 重视语文练字。推荐楷书，也可借鉴隶书写法，忌行书草书。选购与高考必背64篇有关的字帖。

数学老师概括：

1. 动员学生整理数学习题集。把典型的题目、巧妙的方法、易错的知识点整理下来，多看多悟多总结，才能融会贯通，熟能生巧，不断提高。家长及时查看学生的习题集，并写上评语，鼓励孩子不断积累，不断进步。

2. 家长关注新高考数学命题动向。可以登录百度文库、高考资源网、中学学科网等网站，为学生搜集各地市最新发布的联考数学试题，根据学生个人情况进行适当补充练习。

英语老师概括：

1. 重视英语的书写和写作练习，体会英语理解和表达的思维方式，周末检查孩子作业时注重检查孩子的字体和卷面。

2. 动员孩子坚持背诵短语和单词，坚持听力训练，帮助孩子树立学英语的信心。

3. 给孩子选择一本提高英语阅读理解的辅导书，如《高中英语阅读思维训练》。

4. 给孩子准备一本厚实耐用的英语笔记本，养成动笔整理语法、好词好句的习惯。

师：家长朋友们，我们不仅要做学生衣食住行的"后勤部长"，也要做孩子学习的"督导教练"，引导孩子在校提高课堂听课效率，紧跟老师复习步伐，将课内知识学懂弄透，同时家长也要善于利用网络资源、多媒体技术，在老师指导下为孩子整理前沿备考素材。"兵马未动，粮草先行"，相信有家长的助力，一定会让孩子的备考复习事半功倍。

过渡：家长还需要不断学习，了解学习规律，指导孩子科学记忆，提高学习效率。

设计意图 通过家长的分享和老师的建议，引导家长明确职责，让家长从衣食住行到学习督导，树立全方位"服务"意识，为学生能安心顺利备考提供保障。

第二环节　持续学习，做一名合格的"心理专家"

师：认知是有规律的，记忆是有窍门的，有人能背诵圆周率上万位数字，有人一天记十个英语单词都费劲。抛开天分因素，就记忆的规律和窍门来说，不同人的感知程度就有很大差别。下面，我们请家长来体验一个小游戏。

活动1："三十六计快速记忆大比拼"。

互动小游戏：家长用两分钟时间阅读PPT上三十六计的内容，尝试将编号与计策对应记忆，之后进行记忆大比拼，背出计策最多的前三名家长可获得学生亲手制作的书签一枚。

师：大脑里有个组织叫"海马体"，负责储存长期记忆，通过想象稀奇古怪荒诞可笑的故事、图片、视频可以将知识记得更快、更清楚。三十六计的记忆就可以借助这个方法，比如第一计"瞒天过海"：看到"一"（1），我们就联想到树，然后想象一棵大树在海里漂着，我们躲在树干里面，谁也看不到我们，这样，我们就可以瞒着天渡过海了。利用大脑喜欢稀奇古怪信息的特点"欺骗"海马体产生更加强烈的记忆反应。

过渡：即使大脑暂时记住了关键信息，也需要进行不断的复习才能形成长久的记忆！知识是会遗忘的，而且遗忘是有规律的，我们来看一个视频。（播放视频《艾宾浩斯遗忘曲线：利用大脑的记忆规律，让学习事半功倍》）

活动2：微讲座《心理学效应之艾宾浩斯遗忘规律》。（PPT 出示）

1. 艾宾浩斯遗忘规律：德国心理学家艾宾浩斯研究发现，在学习中的遗忘是有规律可循的，遗忘会随着时间的推移而呈现不同程度的变化。在记忆的最初阶段，遗忘的速度很快，到后来就会逐渐减慢，到了一定的时间后，几乎就不再遗忘了，这就是遗忘的变化规律。

艾宾浩斯遗忘规律对学习的启示：

（1）复习的最佳时间是记材料后的 1—24 小时，最晚不超过 2 天，在这个区段内稍加复习即可恢复记忆。

（2）预习、学习、复习的比例在 1/4∶1∶4 左右比较妥当。新知识点学完两三天之后、一周之后、三周之后分别再复习一次，时间不用太长，5～10 分钟即可，记得少量多次，且需要适当变换复习形式，保持心理新鲜感。

（3）晚上记忆比在早上记忆的效果好，这里的"晚上"不等同于"熬夜"，而是在"睡觉前学习"。对人脑而言，睡觉前的一两个小时是记忆的黄金时期。睡觉前非常适合学习那些需要记忆的科目，比如地理、历史、化学、生物或者英语。

过渡：很多学生都有短板，有的数学、物理成绩不理想，有的语文、英语理解能力偏弱。我们经常说要"培优补弱"，持续"补弱"对学生备考意义更为重大。下面我们来通过一组图片看一下往届毕业生高考成绩及录取院校，思考一下"补短板"的重要性。

活动3：往届部分毕业生高考各科成绩及录取院校展评。（PPT 出示图片）

师：我们可以看出决定高考成绩高度的是"短板科目"的提升。高考看的是总成绩，所以要高度重视孩子的弱势学科，它们往往是制约其能力提升的关键因素。心理学上有个著名的"木桶理论"，就阐述了这个问题。（PPT出示）

"木桶理论"，是指用一个木桶来装水，如果制作木桶的木板参差不齐，那么它能盛下的水的容量不是由这个木桶中最长的木板来决定的，而是由这个木桶中最短的木板决定的，所以它又被称为"短板效应"。

我们经常将这个理论用于提醒偏科的学生，高考看的是总成绩，所以要高度重视自己的弱势学科，它们往往是制约你能力提升的关键因素。补弱往往需要耗费很大的时间和精力，要做好打持久战的准备，每日坚持读背和演算，针对薄弱学科制订周计划、日计划，不打折扣坚持完成。补弱无捷径，坚持方可行。

师：家长若了解心理学知识，尤其是了解一些与教育有关的心理学效应，指导学生遵循学习规律，辩证看待事物本质，明确事情发展关键因素，便可破译"心理密码"，助力学生进步。

过渡：身为家长，总有不完美的地方，在孩子心中，你口头上的"我都是为你好"，未必会让他们领情。我们要借鉴优秀家长的做法，不断完善提升自我。

设计意图 通过微型讲座，让家长了解教育中的心理学效应，用科学规律指导家庭教育，正确为孩子成长赋能。

第三环节　借鉴经验，做一名称职的"战术参谋"

活动：学生情景剧。

考试成绩出来之后，父母怎么做？

A 同学客串表演母亲的举动：这次考试多少分？进步了还是退步了？进步了仅口头表扬"不错啊，继续努力"，退步了就唠唠叨叨："肯定在学校没好好听课，课下也没多问问题，平时学习时间也没抓紧吧。都高三了，马上高考了，能不能用点心？"

　　B 同学客串表演父亲的举动：晚饭后，一家人围坐在餐桌边，逐一分析各科试卷得失，父亲给出学习方法的建议，最后鼓励孩子树立信心，调整方法，迎接下一个挑战。

师：孩子成绩不理想，原因是多方面的，做好规划是关键，成功是规划出来的。明明很努力，为何总是看不到进步？这也是很多家长感到困惑的地方。学生自我定位不清晰，缺乏复习规划，对薄弱学科没有持续关注，这是制约孩子能力提升的关键因素。作为家长，要和孩子一起研讨分析孩子的性格特点、学习能力、优势及劣势，指导其制订复习规划，落实行动。据我所知，班上有几位学生在学习上有超强的规划意识和不打折扣的行动能力，这些孩子良好习惯的养成，一定和父母的培养方式有关。通过和这几位家长的私下交流，发现了一个共同点，就是这些家长都善于指导孩子制订学习规划，他们有哪些值得借鉴的优秀做法呢？我们请两位优秀家长代表分享经验。

（PPT 出示：陪伴成长，合理规划，优秀家长经验分享。）

预设：有家长说每次考试后，都会指导孩子一起做试卷分析，分析后达成共识——上课要跟紧老师节奏，认真琢磨例题，仔细审题，要及时整理错题，强化正确解题思路，直到彻底明白，再趁机归类整理相关题型，总结经验，提高做题效率和准确率。也有家长说，每周末回家会和孩子一起用本子记录下一周的学习任务，尤其是薄弱学科的突破，更是要精确到每一天，比如英语每天坚持背 30 个单词，快速扩大词汇量，提高英语阅读速度，并要求孩子将每天的学习成果标注日期，下个周末回家家长翻看后及时给予反馈。

过渡：在高三这个特殊时期，孩子成绩变化是家长最关注的，孩子成长需要您的参与和见证。

设计意图	通过优秀家长分享经验，家长自省自思，让家长有更强烈的帮助学生制订学习规划的意识。

第四环节　写好寄语，做学生成长记录的"参与者"

师： 高三学生要历经多次考试，每一次考试就是一次"全身体检"，明确哪里有问题，要如何调整。要让每次考试都"有所得"，就需要对每次考试进行全方位反思，对此我设计了"高三历次考试成绩记录册"（PPT 出示），要求学生登记好各科成绩，写上考后反思，分析"应得而未得分数"的原因，总结需要纠正的"低级错误"等内容。这本成长记录册类似成长日志，有利于认识自己，超越自己。

考试科目	考试实际分数	科目级序排名	考试应得分数	应得而未得分数原因分析	下次目标分数	需要纠正的低级错误	重点解决措施	是否整理或纠错	任课老师的建议
语文									
数学									
英语									
物理									
化学									
生物									
考后反思	考试总分： 总分级序： 下次目标级序： 考后反思：								
家长寄语									

师： 设计这份成绩记录册有以下三点考虑：第一，督促自我，加强落实。时间是一把美工刀，我们要不断修正自我，激励自我，砥砺前行。第二，记录青春历程，留下成长记忆。真实记录备战高考的心路历程，留下最美好的奋斗印记。第三，畅通交流，架起家校沟通桥梁。孩子在校学习情况，家长有知情权，孩子每两周将记录本带回去一次，家长就可以及时提醒，防微杜渐。同时家长寄语能让孩子将父母关爱的力量，化作前行的动力，也能让老师感受到家长的心情和期待，便于对孩子进行更进一步的学习和心理指导。

过渡： 高三备考是个漫长的过程，孩子在摸索中前行，会遇到很多挑战和困惑，需要家长走进孩子内心，抚慰心灵，做孩子贴心的"心灵导师"。

（设计意图） 通过填写成长记录册，让学生、家长、老师三方参与高三学生的蜕变与成长，家校协作，形成合力，助力学生远航。

第五环节　加强沟通，做学生贴心的"心灵导师"

师： 请家长阅读孩子"说说我的备考需求"的一封信，倾听孩子内心最强音，了解孩子真实需求，根据孩子的描述，请您现场为孩子写一封简短回信。

（设计意图） 书信交流不仅是一种传统的沟通方式，更是一种深入、真诚、理性的交流手段，它能够加强有效沟通，构建和谐亲子关系。

| 会议总结 |

不同家庭的孩子成长背景不同，家长文化程度不同，但相同的是全天下父母对孩子的爱，这份爱绝不只是管好吃喝，给够生活费，只做好后勤保障，家长也需要学习和成长，尝试用科学理论指导家庭教育，用优秀家长的做法和孩子交流，才能真正走进孩子内心。希望家长行动起来，守好"位"，做到"位"，成就孩子有"为"人生。

会议延展

（1）指导家长阅读书籍：《考试脑科学》《教育中的心理效应》。

（2）召开家庭会议，和学生共同讨论制订高三复习规划，做到精准施策，有的放矢；打印"高三历次考试成绩记录册"，并将期中考试成绩进行详细记录。

（3）针对学生出现的阶段性问题，定期开展家校研讨活动，引导家长不断学习，助力学生圆梦高考。

（河南省郑州市第十一中学　敬小娟）

19. 高三寒假：
伏行寒假，飞升高考

背景分析

2022 年，教育部致信全国中小学生家长，建议家长们在寒假期间"关注自主发展，结合学校寒假安排，与孩子共同制订一份科学合理的寒假计划，培养孩子自我管理、自我发展的能力"。高三寒假价值堪比黄金，漫长的高考一轮复习已基本结束，高考百日冲刺即将开跑。十二年寒窗苦读，在最后一百多天后就要见分晓。高考的压力摆在所有高三人面前，这个寒假注定不会轻松，而寒假规划的重要性不言而喻。为此，特召开本次家长会。

本次家长会参与对象是高三学生、家长。活动时间是高三寒假学生离校前。

会议目标

目标	家长	学生
知识层面	了解高三寒假的重要性和寒假规划的注意事项。	掌握制订寒假规划的细则，并了解相关注意事项。
能力层面	达成共识、形成合力、智慧参与，正确引导孩子制订并落实寒假规划。	在家长的帮助和陪伴下，自主制订寒假规划，并积极践行，主动接受评价。

续表

目标	家长	学生
态度层面	理解孩子的心理，与孩子友好沟通，积极引导和帮助孩子度过充实的寒假。	增强紧迫感，积极践行寒假规划，虚心接受家长的引导、监督和评价。

会议准备

1. 材料准备

（1）准备家长版调查问卷《孩子往年寒假的状态》和学生版调查问卷《你觉得你今年的寒假会怎样度过》，提前邀请家长和学生填写，并汇总。

（2）打印每个学生高三历次考试的成绩单，发给学生家长。教室内外展板和墙壁上张贴近三年各一本高校在豫录取分数线，方便家长查阅。

（3）准备一套有卡扣的积木，提前做好部分模型；指导志愿者展示模型和拍照对比。

（4）邀请往届高三优秀毕业生现场回顾高三寒假安排，分享寒假规划表。

（5）剪辑学生在校生活、学习的视频、图片，制作视频《青春进行时》；收集与本班学生成绩相匹配的高校宣传片，制作视频《今秋相约这里》。

2. 环境准备

制作高考倒计时牌，教室前后门贴上对联和"福"字，制作"寒假规划"主题的黑板报。

3. 其他准备

学生提前制作家长会个性邀请函，并填写内容。

会议过程

会前暖场：滚动播放视频《青春进行时》《今秋相约这里》。让家长对孩子的在校生活和学习，以及相关高校有所了解。

师： 从刚才的视频中，我们了解到了孩子高三以来的在校情况，也对部分高校有了一些了解。寒假马上开始，由于高考临近，高三的寒假也就显得弥足珍贵。召开这次家长会，就是希望引起家长和孩子们对高三寒假的重视，以便制订合理的寒假规划，并积极践行。寒假的沉潜，是为了高考的飞升，正所谓"伏行寒假，飞升高考"。

第一环节　畅谈寒假

1. 大学有多远——当梦想照进现实

师： 大家手里都有一份孩子高三以来历次考试的成绩单。阴影背景表示孩子该科目在当次考试中达到了模拟一本线，空白背景则表示未达到一本线。有的同学成绩单上几乎全被标出阴影，有的同学则有阴影有空白，还有的同学几乎全是空白。这三类同学的基础就像这三种积木模型。

师： 请三位同学展示甲乙丙三个积木模型。

甲模型是厚实的长方体，各方面都很饱满，代表六科皆强的同学，他们基础比较扎实，我们叫它"甲大壮"。

乙模型是"山"字型，有高有低，代表各科有弱有强的同学，他们基础漏洞较多，是高考希望生的代表，我们叫它"乙希望"。

丙模型是瘦弱的一条线，代表六科皆弱的同学，他们基础非常薄弱，我们叫它"丙小瘦"。

（PPT 出示学生成人礼高考目标）这是 12 月份高三成人礼之后学生制定的高考目标。家长们也都看到教室内外展板上，张贴有近三年各高校在豫录取分数线。大家可以结合孩子的成绩，参考高校分数线，估计孩子目前成绩与理想高校的差距。

预设： 家长对照孩子成绩单，思考，圈画。

师： 现在我来采访一下，家长们看了这些数据后有何感想？

（现场采访：以举手的形式调查家长是否感觉压力很大。）

师： 请同学展示第四个积木模型——丁模型。理想大学对学生的要求是多方面的，正像这个丁模型，比甲模型更加高大饱满，我们叫它"丁全能"，"甲大壮""乙希望""丙小瘦"三种模型在"丁全能"面前差距都不小。

师： 当梦想照进现实，现实不禁打了个寒战。今天我们距离高考仅剩140天，寒假开学后不久就是百日誓师。现在，马上要放寒假，我们来看看家长和孩子眼里的寒假都长什么样。

2. 寒假长啥样——我们眼中的寒假

师： 本次家长会之前，我给家长和同学们分别发放了一份调查问卷。问题一致，角度不同：家长调查问卷问的是往年寒假孩子的表现，学生调查问卷问的是高三寒假会怎样度过。一个回顾过去，一个畅想未来。

我们来看看最后的调查结果。（PPT 出示调查问卷结果统计）

师点评： 目标观念方面，超一半的同学和七成半的家长认为寒假最大的价值在于补习弱科。超六成的同学和近七成的家长希望寒假结束后弱科能得到提高。

时间观念方面，大多数同学能保证基本的休息时间，只是休息起止时间偏后。每天学习时间大多在 3 小时以上，时间的掌握并不算紧张。

过程评价方面，超过八成的同学对待作业态度积极，其中大部分同学的寒假作业有规划、有步骤，这得益于年级发布的寒假作业进度表；六成同学有规划、有步骤地进行补弱；六成学生和七成半家长认为家庭环境有利于孩子学习；近七成的同学针对家长的督促能够积极整改。对于寒假学习的成效，超八成的同学和家长持正面看法。

也有个别同学和家长并没有认识到高三寒假的紧迫性和重要性。

3. 寒假能做啥——听听学长怎么说

师： 调查表上大家畅所欲言，对寒假补弱基本形成共识。那么寒假到底能做多少事情呢？下面有请上届高三考上双一流高校的学长来介绍自己的高三寒假。

（上届学长现场介绍。）

师：感谢这位学长的介绍，我想请咱们班在场服务的同学做个概括。

预设：现场服务的同学对学长的寒假进行概括。（PPT 出示）

第一，完成作业。

第二，重温数理化重点错题。

第三，回顾生化生疏知识点。

第四，背诵语英范文（两篇加四篇）。

师：这几位同学服务很到位，概括也很到位。这位学长对寒假的定位非常明确，就是补弱培强，当然，这位学长补的是各科的薄弱知识点，他的规划更加细致，也更有针对性，大家可以作为参考。

设计意图：凝聚家长和学生对待寒假的共识，使他们充分认识到高三寒假的紧迫性和重要性。优秀学长做示范，为大家提供富有针对性的参考。

第二环节　构思寒假

1. 你是哪一个——心中有数不盲目

师：从调查问卷来看，多数同学希望通过高三寒假来提升自己的学业成绩。如果能像这位学长一样充分利用寒假，那么我们距离梦想就会更进一步，就好像这积木模型，当积累的力量足够强大，基础也就更加牢固。

请三位同学配合组装积木，"甲大壮""乙希望""丙小瘦"三个积木模型各向上加六竖列若干层，表示六科全部得到巩固加强，把前三个模型和"丁全能"模型并排放在一起，然后给四个模型拍照。

但是，愿望很美好，现实却很冰冷。

调查问卷中，不少同学对时间的安排不合理，很可惜，你的基础要减掉一部分。请三位同学在三个积木模型上从刚加上的几层中各拆掉一竖列积木，表示某些学习项目没有得到加强。

还有同学受家庭环境影响较大，还有同学因为对电子产品的依赖性很大，学习受到影响，基础还得减。请同学在三个积木模型上从刚加上的几层中再各拆掉一竖列积木，表示更多的学习项目没有得到加强。

还有同学对家长的督促不耐烦，有抵触心理，最终影响学习，再减。

不少同学现实当中存在学法不当的问题，继续减。

调查问卷中，个别同学对寒假的重视程度不够，想趁最后一次寒假，好好疯狂一把。真对不起，还得减。

原本丰满的理想在现实面前变得千疮百孔。刚才拆掉积木是随机的，但孩子的实际情况却不是随机的，自家孩子什么样的学习习惯，家长非常清楚。有的同学能够把刚才加上的积木，在现实中也加上去。请同学把"甲大壮"模型刚才拆掉的积木全部重新加上。

有的同学就真的像刚才做的减法一样，让自己的寒假光秃秃一片，反差如此明显，积木一目了然。

还有一点，学习和学艺一样，三天不念口生，三天不做手生。荒废了寒假，不仅仅是荒废了这十来天时间，同时也侵蚀掉了原有的基础。请同学将"乙希望"模型拆掉部分原有积木，将"丙小瘦"模型拆掉更多原有积木。

开学后，进入高考冲刺，但起跑线完全不一样。到那时，有人离梦想更近，有人离梦想更远——"乙希望"快变成了"乙小瘦"，"丙小瘦"快变成了"丙小点"，反差之大，触目惊心。

2. 我该怎么做——对症下药有重点

师： 幸而刚才的活动只是假设，我们还未真正开始寒假，我们还有机会好好规划寒假如何度过。

请同学将"甲大壮""乙希望""丙小瘦"三个模型恢复到家长会开始时的形状。

齐头并进的六边形战士固然是最理想状态，可是并非所有人都有能力做到齐头并进。高考录取看的是总分，所以，在现有基础上怎样拿更多分数才是当务之急。

（1）六科皆强：高标意识，精益求精。

（PPT 展示视频案例《学霸狂刷纠错本，刷题时间严控到秒》。）

建议这类学生：重刷纠错本，扫除知识盲点，提高做题效率。

请同学将"甲大壮"模型加若干层积木，表示寒假继续加强。

（2）有强有弱：重点补弱，狠抓基础。

（PPT 展示视频案例《中等生的逆袭之路：狠抓薄弱学科和薄弱题型》。）

建议这类学生：①加强时间管理，这是基础，没有时间保证，薄弱环节很难提升；②回归课本，理清基本概念；③梳理归纳，掌握常规解题思路，保证中低档题得分是关键。

请同学将"乙希望"模型在"山"字缺口处加若干层积木，表示寒假继续加强。

（3）六科皆弱：有所侧重，重点突破。

（PPT 展示视频案例《后进生狂啃课本，高考提高 300 多分》。）

建议这类学生：①强化拼搏意识和时间观念，这是重中之重，思想问题不解决，提高无从谈起；②吃透课本，保证基础题得分；③有所舍弃，难度大的知识点果断放弃。

请同学将"丙小瘦"模型加粗，表示寒假继续加强。这样看，是不是好多了？

师： 这个寒假注定是一个不轻松的寒假。寒假开启，我们很有必要结合孩子的实际情况，制订一份合理而充实的寒假规划。

（PPT 展示优秀学长的寒假规划表。）

师： 这是刚才那位学长高三寒假的规划表，大家可做参考，以便帮助孩子制订自己的寒假规划表。特别注意，这张规划表中，这位学长专设了一个"落实"栏，用以记录落实情况。正月初二这一天的语文背诵计划没有完成，他在栏目中写的是"×，俯卧撑 20 个"，这应该是未完成任务对自己的惩罚。这个做法大家也可以借鉴。

如果有这一份详实的寒假规划表助力，咱们的积木还可以再加一层。请同学将"甲大壮""乙希望""丙小瘦"三个模型各加一层。这样看，是不是更好了？

> **设计意图**　对不同程度的学生进行有针对性的指导。以学长规划表为模板，方便家长和学生制订自己的寒假规划。

第三环节　落实寒假规划

1. 落实难不难——头脑风暴群英会

师：落实在行动上的规划才是有意义的规划，否则就只是废纸一张。那么在落实规划过程中，我们需要注意哪些事项呢？下面咱们来一场头脑风暴，大家说一说落实孩子寒假规划的过程中应该注意哪些事项。大家集思广益，帮助孩子落实寒假规划，完善家庭育人理念。

预设：家长们能说出凝聚共识、鼓励孩子、管控手机、文明应酬、和谐沟通、营造氛围等。

2. 家长做承诺——家长宣言助落实

师：为了孩子们，家长们都非常坦诚，交流了各自的做法和相关的注意事项。大家都知道孩子的规划重在执行，那么，咱们的反思也应该落到实处，这样才能亲子共同促进、共同成长。

结合家长们的发言，我初步拟定了一份家长宣言，家长会后我加以整理，发到群里，以之作为家长们助力孩子落实规划的行为准则。发群里是提醒，也是监督，还请各位家长朋友配合。

××班高三寒假家长宣言

为助力孩子落实寒假规划，作为家长，我们郑重承诺：

凝聚共识，形成合力；

瞄准高考，坚持到底。

避免说教，善于鼓励；
文明言行，控制情绪。
减少应酬，管控手机；
营造氛围，共同学习。
落实规划，不折毫厘；
互相监督，奖惩激励。
弯道超车，蓄势待发；
以梦为马，圆梦盛夏！

有了家长助力，咱们的积木模型还可以再加一层。请同学将"甲大壮""乙希望""丙小瘦"三个模型各加一层。

有科学的方法、详细的规划、家长的支持，正可谓"亲子共书寒假卷，来年同写成长书"。

请同学给"甲大壮""乙希望""丙小瘦""丁全能"四个模型拍照。

会后我会把几次拍照标上说明文字，发送到家长群里，希望能够给大家以启发。

预设： 家长参考家长会建议开始思考。

设计意图：大家头脑风暴，交流经验教训，集思广益，达成共识。拟定家长宣言，提醒家长将承诺真正落实到寒假生活当中。

会议总结

师： 寒假马上开始，规划不打折扣，进步正在进行，梦想指日可待。让我们家校携手，为孩子能有一个充实的寒假而努力，为孩子能够实现高考理想而奋斗。再次感谢家长朋友们参加本次家长会。

最后，提前祝大家新年快乐。

会议延展

（1）寒假第一天，请家长和孩子共同确定规划内容，完成规划表。当天 12:00 前上传完毕，大家可以相互学习借鉴，并进行完善。

（2）寒假开始后，正式执行规划。每天 20:00—20:30 在钉钉群上传规划落实情况。在执行中也可以继续借鉴完善，同学们之间也可以竞赛，在竞争中共同进步。

（河南省济源第一中学　赵春晓）

20. 分层家长会：
分层把脉，精准施策

背景分析

高三上学期一轮复习接近尾声，多数省份的学校都会安排统一的市级或者省级联考，以检测学生一轮复习的学习效果。学生、家长和老师共同期望"一模"测试后，能找到孩子的潜力增长点，突破瓶颈，赢得高考。

考试分析会上，老师多是侧重班级整体问题进行反馈，采用"点对面"的方式，虽面面俱到，但针对性不强。而"点对线"的方式，即分层次地召开家长会，既可以快速、高效地传达信息和家长沟通交流，也可以有针对性地解决个别学生的问题，助力家长和学生明确今后的努力方向。

参与对象为高三学生、家长和任课教师，时间安排在高三的"一模"之后。

会议目标

目标	家长	学生
知识层面	了解孩子在校的生活、学习、思想等方面的情况，知道如何科学分析考试成绩，帮助孩子树立克服困难的信心。	了解"一模"的意义，在老师和家长的引导与帮助下，知道解决问题的方法和途径。

续表

目标	家长	学生
能力层面	学会和孩子一起分析考试成绩,帮助孩子找出各科学习增长点,能够根据孩子性格特点、现状提出合理化建议。	学会客观分析自己成绩,能够直面自己的优缺点,找准自己的增长点,在老师家长的引导下不断完善自我,突破自我。
态度层面	正确对待孩子优点、缺点和成绩,帮助孩子适当减压,积极备考,树立克服各种困难的信心。	根据复习目标,树立必胜信心,积极解决在备考中各科遇见的问题。

| 会议准备 |

1. 问卷调查

尊敬的各位家长:

高三"一模"后,为了更好地进行家校沟通,促进孩子健康地成长,我们设计了这份调查问卷,请大家认真如实填写。

1. 您对孩子本学期的学习、生活情况是否满意?

    A. 十分满意 B. 满意 C. 比较满意 D. 不太满意

2. 孩子周末回家后会自觉复习的时间是?

    A. 几乎没有 B. 2 小时以内 C. 2～4 小时 D. 4 小时以上

3. 您设定的孩子的升学目标是?

    A. 双一流 B. 一本 C. 二本 D. 无所谓,有学上就行

4. 当孩子的成绩与您的期望值有差距时,您采用何种教育行动?

    A. 进行课外补习   B. 为孩子买课外辅导材料

    C. 激发他在校发奋努力 D. 和他(她)一起分析问题寻求解决问题方法

5. 当孩子考试情绪低落、心理压力较大时,您会怎么做?

    A. 让孩子自己调节

    B. 说服教育,告诉他忍忍就过去了

    C. 能积极倾听,但不知道该怎么帮助孩子

    D. 与孩子共同面对,寻找办法

2. 材料准备

填写考后分析表，打印每个学生的成长记录跟踪表，准备好便利贴、PPT、相关照片和视频。

3. 环境准备

布置教室前后黑板；以小组为单位，摆好桌椅。

4. 其他准备

班主任提前拟定电子家长邀约函，和考后分析表一起发到家长微信群。

会议过程

师：尊敬的各位家长朋友，大家好！欢迎您的到来！关心、帮助、督促每一个孩子是我们共同的心愿，让每个孩子健康成长、学业有成是我们共同的目标。"一模"刚过，根据孩子的学科学习情况及在本阶段遇到的问题分批次召开家长会，旨在通过家校沟通，做到分层把脉求进步，精准施策促提升。

第一环节 知己知彼——心中有把握

（PPT出示学生平日里的早读、间操、上课、社团活动等场景。）

师：进入高三以来，孩子们在学习和生活方面都有不同程度的改变，高三的生活紧张有序、充实。我们家长可能更多地关注孩子的学业成绩。下面就给大家汇报一下"一模"的相关情况。

［PPT出示"一模"考试各科划线情况，表扬总成绩优秀、单科优秀、进步较大、学习态度较好的同学，并展示优秀学生作业（试卷）。］

师：请家长查阅孩子课桌上的作业和本次"一模"考试的各科试卷答题卡，再对照"考后分析表"全面了解孩子"一模"成绩状况。

预设： 家长认真查看孩子作业本和答题卡，对照"考后分析表"思考孩子成绩进退步原因。

过渡： 对比我们的划线以及优秀同学的表现，想必每一位家长都能找到自己孩子成绩的大致位次。孩子表现不是固定不变的，孩子的成绩也是起伏不定的，只要我们找准努力方向，提升和突破是迟早的事情。关键是如何寻找成绩的增长点，家长该怎样帮助到孩子呢？

设计意图 通过学生各场景照片的展示，让家长多角度全方位了解孩子，感受班级积极阳光的精神面貌。通过数据分析，对照标准了解孩子的学业成绩状况，做到心中有数。

第二环节 明确方向——心中有目标

1. 树榜样

师： "努力造就实力，态度决定高度。"好成绩源于良好的学习态度和坚持不懈地努力。本次"一模"中就涌现出很多因努力而优秀的榜样，下面有请李同学分享自己是如何一步步克服困难取得"一模"优异成绩的。

（PPT 出示：李同学高一入校成绩一般，经过一年努力进入理科重点班，成绩从高二刚入班的倒数跃居至高三"一模"的年级前列。）

李同学： 我中招考试成绩一般，进校也就是中等偏下的水平。高一九科当中我理科成绩比较突出，但语文和英语不是太好，和其他同学差一大截，就算自己理科学得再好，语文英语上不去，也读不了我理想的大学。我每天除认真完成这两个科目的作业，还给自己订计划，每天背单词、背作文，不断积累。早读，我坚持每天保质保量完成计划。理科也有了更多的自主时间可以用来做题、总结。一年后我顺利进入理科重点班，但却是班里的倒数。大家的数理化都很强，我的语文、英语和大家差别不太大，但我深知这两科是自己的短板，一刻也不敢放松，终于在高三"一模"中英语发挥出有史以来的最高水平，虽然语文不太突出，但总分已进入年级前列。我想对大家说的是，不论哪个学科弱，都要持之以恒地去学，相信自己一定能啃下这块"硬骨头"。

2. 指方向

师： 我们班总成绩虽然不错，但是还有很大的提升空间。下面，我们各科老师根据此次"一模"成绩，总结出了各学科需要努力的"增长点"。（PPT出示）

文科类：

语文：（1）卷面字体欠佳。需要端正态度，下午上课前5分钟练字。（2）审题不清，表述不到位。日常练习纠错到位，不仅仅是看看答案。（3）早读读背积极性不高。加强背默检测。

英语：（1）加强词汇的积累，背句子。（2）规范英语作文书写，积累好词好句。日常练习的作文按时提交，批阅后及时修订。

理科类：

数学：（1）查漏补缺，找到自己欠缺的地方，各个击破。（2）选填题得分较低。限时训练选填题，提高准确度和速度。（3）典型例题和纠错要做到位。

理科综合：（1）三科合到一起后要注意时间的分配。（2）选择题占比较大，分值高（每题6分），要加强限时训练以提高准确率。（3）注意答题顺序，寻找合适自己的答题规律。（4）平日做好纠错和总结。（5）化学和生物加强记忆，充分利用好每日晚读时间。

师： 各个科目都要提高分数，文科在于积累，理科主要问题在于对待纠错的态度和限时练习。功夫在平时，如果不关注平时学习上的每一个细节，那么在关键时刻就是一处大的纰漏和失误。每个科目都有自己独特的学习方法，大家要善于总结、提炼和内化，适合自己的才是最好的。

过渡： 世界上没有相同的两片树叶，每个孩子都是独一无二的，每个孩子的情况也不相同，只有每个人找到自己的问题，明确努力和改进的方向，才会有所突破，取得进步。下面根据个人情况，请大家找一找自己的问题，我们一定有办法解决这些问题。

设计意图：通过任课老师反馈的问题，明确自己的薄弱科目，引导学生端正学习态度，宏观方面明确如何通过努力提升学科成绩，为学生后续学习指明方向。

第三环节　分层把脉——心中有方法

师：请各位家长和孩子结合考后分析表，根据孩子的各科成绩和孩子一起分析学习态度、学习方法。同时找出孩子的弱势学科，在任课老师的帮助下努力找出孩子学习的增长点，细化增分点，并将改进的措施和方法记录在考后分析表上。（PPT出示）

2202班考后分析表 姓名：　　　时间：									
科目	实得分数	年级名次	应得分数	主要问题	解决对策	是否纠错	任课老师建议	备注
语文								
数学								
英语								
物理								
化学								
生物								
理综								
总分								
家长寄语								

续表

考后反思总结
教师批阅

师：各位家长有什么问题请及时和任课老师交流，待任课老师逐一回答完问题后，由学生本人做补充和总结。

预设：老师当面给出建议和方法，学生在分析表上总结了做题速度慢、计算失误多、卷面书写不工整、数学大题答题不规范、语文文言文常识积累不够、英语词汇短语量欠缺等问题。

师：各位家长及学生提出的问题，大致可以归纳为这几类（PPT 出示）：

（1）学习勤奋努力，但成绩不尽如人意。
（2）思维敏捷灵活，但努力不足贪玩有余。
（3）基础薄弱，信心不足。
（4）偏科严重，无计可施。

师：这几类问题可能是大家的共性问题，每一类问题都制约我们的发展。针对这些问题，我们该如何解决呢？下面由我给大家带来微讲座：定位、行动和反思。

1. 定位

师：每位同学对自己的现状是否满意，主要取决于他的目标，即他对自己的定位。美国哈佛大学有一个很著名的关于目标对人生影响的跟踪调查

（PPT 出示）：

27%：没有目标。

60%：目标模糊。

10%：有清晰但比较短期的目标。

3%：有清晰且长期的目标，并能把目标写下来，经常对照检查。

25 年后：

27% 没有目标的人，几乎生活在社会的最底层。

60% 有模糊目标的人，几乎都生活在社会的中下层，能安稳地生活与工作，但没有什么特别的成绩。

10% 有清晰但短期目标的人，大都生活在社会的中上层，他们的短期目标不断被达成，生活状态稳步上升。

3% 有清晰且长期目标的人，几乎都成了社会各界的顶尖成功人士、社会精英。

师：你想考取一个什么样的大学，想成为一个什么样的人，取决于你对自己的定位。首先给自己一个目标，为之不懈奋斗。请将你的目标写在你的便利贴上。

2. 行动

师：世界潜能大师安东尼·罗宾说："人生伟业的建立，不在于能知，而在于能行！"目标不能仅仅喊在嘴上，写在纸上，而是要落实到每一天具体的行动中！（PPT 出示）

（1）学习勤奋努力，但成绩不尽如人意。

对策：学习是一个厚积薄发的过程，成绩的提升不可能一蹴而就，需要坚持不懈去做。学习态度是好的，成绩不尽如人意要看一下学习方法是否得当，是否真的在深度学习，避免在假努力。

（2）思维敏捷灵活，但努力不足贪玩有余。

对策：思维敏捷是优势，努力不足贪玩，成绩也差不到哪里去，但是却没有发挥出自己的实力来，这是一件很遗憾的事情。懒惰、浮躁、自控能力差之类的毛病，如果不付诸行动去改掉，就不会取得进步。行动起来，一切才可能被改变。

（3）基础薄弱，信心不足。

对策：俗话说"罗马不是一天建成的"，一口也吃不成一个胖子。基础薄弱，可以先解决自己可以解决的问题，找到自己的问题所在，一点一点去克服，你总在前进的路上。只要采取行动了，就超越了昨天的自己，就是进步。坚持下去，就会成就一个不一样的自己。

（4）偏科严重，无计可施。

对策：高三了，发现有些科目"瘸腿"严重，说明已经"瘸"很长时间了，这个硬骨头要想啃下来，必须弄清楚问题所在。语文、英语弱，多半是懒得记忆和背诵。理科差，一方面是基础的问题，另一方面是疏于练习和思考。摆正态度，认真对待，多下功夫，坚持不懈，至少会缩小薄弱学科的差距，进而提升总成绩。付诸努力，积极行动，一定会有成效！

3. 反思

师：以上共性的问题，发生在不同学生身上，解决的方法也不相同。一个人要想取得更大进步，就一定要学会反思。反思会帮助我们更好地认识自己，进而找到提升自我的方法。（PPT出示）

我的现状：
我的目标：
我学习方面的问题：
我可以有的改变：
我思想方面的问题：
我可以有的改变：

我生活方面的问题：

我可以有的改变：

师： 学生有可能出现对未来比较迷茫、目标不明确的问题，或者学习努力了很久还不见成效的苦恼，或者思想压力比较大等问题；自我寻找解决问题的对策比较困难时，采用以上方法，有助于学生进行自我反思。

过渡： 只有目标没有行动，一切都是一场空。只有行动没有反思的学习是低效的，只有反思没有行动的学习是无效的。只有将反思出来的问题付诸行动进行解决，才能取得更大的进步！让我们共同努力，认识自我，改善自我，付诸行动，从而成就更好的自己！

| 设计意图 | 通过填写考后分析表，看到"实得分数"与"应得分数"的差距，学生与老师沟通交流后寻找得分增长点和努力方向。通过定位、行动和反思三个步骤，调动学生的学习积极性，激发学生的学习动力，让学生行动起来。 |

第四环节　个性施策——心中有底气

分享展示：

（1）学生展示今天的成果，家长代表畅谈自己的感受。

（2）家长在便利贴上给孩子写一段鼓励的话语，粘贴在教室后黑板上，家长与孩子一同合影留念。同时播放音乐《飞得更高》和《超越梦想》。

师： 通过今天的家长会，相信每一位家长对自己的孩子都会有一个更加客观的了解。同学们，明确努力和改进的方向，找准自己的增分点，刻苦努力，科学备考，大家一定会突破自我，超越自我。

| 设计意图 | 通过学生、老师、家长三方的沟通，学生找出了自己存在的问题及解决对策，明确了努力方向，增强了信心。让学生和家长谈自己的感受与收获，一起合影留念，感受家人的支持与鼓励。 |

会议总结

本次家长会,是以学科学习情况为标准,分层次召开的。在任课老师和家长的帮助指导下,让孩子进一步端正学习态度,优化学习方法,孩子更能及时发现学科问题,找到弱势学科的增分点。积极行动,实现突破,相信每个人都会有改进和提升。家校共育,齐心协力,让孩子茁壮成长!

会议延展

(1)根据家长留言情况,待任课老师一一回复后拍照反馈给家长。

(2)根据考后分析表和任课老师的建议,家长和老师共同监督学生学习计划的执行情况。

(3)保持教育效果连续性,做好跟踪回访,及时通过电话或微信联系家长,过问孩子后续表现情况。

(河南省郑州市第十一中学 范静霞)

21. 百日冲刺：
一百天，星光灿烂

| 背景分析 |

高三百日冲刺阶段，学生面对的是单调而高强度的脑力劳动。如果学习不得法，每天进行大量的训练，却看不到自己期待的进展，甚至不进反退，学生易丧失信心，产生焦虑情绪，对学习产生倦怠感，感到"能量"逐渐耗竭，出现"心理高原反应"。

此阶段，家长的适度关注能够给孩子带来心理上的支持，而过度关注则会转化成过大的压力，使孩子面对学业和家庭双方面的"夹击"。面对此种情况，班主任有责任积极主动协调家长，指导百日冲刺阶段学法，形成服务学生的合力，激发学生拼搏一百天的斗志，确立高考必胜的信心。

本次家长会参与对象是本班全体家长、学生和教师，会议时间是高三下学期2月末。

| 会议目标 |

目标	家长	学生
知识层面	了解高考百日冲刺阶段孩子学习的特点。	了解百日冲刺不同阶段的学习特点和方法。

续表

目标	家长	学生
能力层面	掌握适度关注的基本方法技巧,能够给孩子注入亲情能量。	在老师和父母的支持下,能克服心理不良反应,以积极情绪应战。
态度层面	以平和的心态接纳孩子各种不适表现,愿意抽精力陪伴孩子。	积极主动应对冲刺带来的挑战。

会议准备

1. 问卷调查

各位家长朋友,高考百日冲刺阶段即将到来,您是不是有些许期待、些许迷茫?冲刺百日,我们将携手同行,同舟共济。为了更好地帮助家长、服务孩子发展,本次家长会有一个问卷调查,请您如实填写。本问卷仅供老师了解家长情况使用,信息不会外泄,请您放心!

1. 孩子目前的成绩情况您了解吗?

    A. 了解 B. 不了解 C. 了解一点儿

2. 您对孩子的升学期望是什么?

    A. 双一流大学 B. 一本 C. 二本 D. 高职高专

3. 孩子对自己的升学期望是什么?

    A. 双一流大学 B. 一本 C. 二本 D. 高职高专

4. 现阶段,您的情绪状态怎么样?

    A. 非常焦虑 B. 心态平和 C. 爱发脾气 D. 适度紧张

5. 高考百日冲刺阶段,孩子可能会出现哪些心理反应?(多项选择)

    A. 高原现象 B. 考试焦虑 C. 信心不足 D. 失眠多梦 E. 情绪低落

6. 高考百日冲刺各阶段的学习特点您了解吗?

    A. 了解 B. 不了解 C. 知道一点儿

7. 高考百日冲刺阶段,您能抽出时间陪伴孩子吗?

    A. 能 B. 不能 C. 周末能

8. 大型考试中，孩子成绩出现波动，您会怎么办？（多项选择）

   A. 跟别人家的孩子比对，忍不住呵斥

   B. 不闻不问，只提供物质保障

   C. 沟通了解，加以指导

   D. 安抚孩子情绪

   F. 联系老师，共同帮助孩子

9. 百日冲刺阶段，您在自我家庭管理和帮助孩子方面有哪些困难？希望得到老师哪些方面的支持？

2. 材料准备

（1）老师提前约自己的往届学生录制小视频。

（2）老师提前约本班各科教师准备百日冲刺复习规划和学法指导材料，统一印刷，一式两份，届时发给家长和学生。

（3）要求家长和孩子彼此给对方写一封千字文的信，并把可公开的内容发给班主任。

3. 环境准备

桌椅自然摆放，如果班级人数过多，可借用学校大一点的会议室。

4. 其他准备

（1）安排班级创意委员会制作统一的家长邀请函。

（2）提前阅读《高考超常发挥和心理暗示》等书籍和与心理调适主题相关的文章，查阅《高考冲刺一百天学习方法》等高考百日冲刺学法指导资料。

会议过程

师： 尊敬的各位家长、各位老师，亲爱的同学们，大家下午好！

本学期，年级正在举行"十八岁成人"系列活动。对于中国孩子来讲，高考就是一场特殊的成人仪式，经过这场考试，孩子们不仅从年龄上步入成人的行列，而且整个身心都将经历了一场前所未有的洗礼。高考犹如人生的一个临界线，这边是懵懂的孩子，那边是成熟的青年。

同学们，最后一百天，是最紧张、最辛苦、信息量最大、收获最多、竞争最激烈、变化最大的一个备考阶段。但我们并不是孤军奋战，有可爱的同学温暖陪伴，有在场的各位老师悉心指导，有前来助威的父母做坚强后盾，这些都会给我们带来无穷的力量。更重要的是，我们会通过自己的奋力拼搏创造奇迹。我相信，一百天后，我们班终将星光灿烂。

这次会议主要是为孩子们的高考百日冲刺出征助威指路。

第一环节　互读书信，同频共振

1. 精选片段，家长和孩子互猜

师： 会前，大家已按要求把信件中可公开的部分分享给我，我精选了部分片段，下面我们做个互猜游戏。（PPT出示家长书信片段、孩子书信片段。）

预设： 先后出示多个书信片段，让家长猜哪一句是自己的孩子写的，让孩子猜哪一句是自己的父母说的。可能会出现下表中的七种情况，老师借势引导。

类别	家长书信片段	孩子书信片段	老师总结提升
浓浓亲情派	我的孩子，我们爱你。	我的父母很爱我。	亲情就是动力。
感恩励志派	要永怀感恩的心，感谢老师、感谢同学，拼搏奋斗。	感谢父母、老师，冲刺百日。	我们一起奋斗。
永远最好派	我的孩子最好。	我的父母最好。	做最好的自己。
方法指导派	希望在老师的指导下高效学习。	希望父母听从老师指导，自己周末回家可以补觉。	让我们按备考规律学习。

续表

类别	家长书信片段	孩子书信片段	老师总结提升
黑马逆袭派	你会像初中升高中一样逆袭。	请相信你的孩子、你的学生。	平时纠错越多,高考考得越好。
猛省弥补派	以前没夸过你,觉得欠你太多。在这最关键的时刻也该为你加加油了。	我错过了太多机会,最后一百天,我会珍惜。	只要上路,永远不晚。
吐槽督促派	期待孩子珍惜最后的机会。	希望父母不要总是唠叨。	彼此理解,好好珍惜。

2. 互换书信,家长和孩子私聊

师:通过互猜游戏,父母和孩子之间进一步增进了理解,相信家长和孩子已经迫不及待想更多地了解彼此的想法,下面请父母和孩子互换书信,静享安静的读心时光。

(1)互阅书信。

师:我感觉到很多家长和孩子被浓浓的亲情、真诚的祝福感染了,让我们尽情表达我们的爱与祝福,请家长和孩子们热情地握手、热烈地拥抱吧。

(2)握手拥抱。

预设:互阅书信,家长和孩子心灵交融、彼此打动,家长会出现小高潮。

3. 自由发言,家长和孩子分享

师:家庭亲情温暖着我们,班级鞭策着我们,刚刚家长和孩子互相表达了浓浓的爱,孩子和父母一定还有很多话想对支持我们的长辈们或互相搀扶的友伴们说。(PPT出示)

(1)孩子:各位长辈,我想对你们说……
(2)父母:孩子们,我想对你们说……

预设:父母和孩子集体互听对方的心声,为彼此注入生命的能量。也可能出现吐槽父母的，教师借机引导。

过渡："幸福的家庭家家相似，不幸的家庭各自不同"，无论什么样的家庭，有一点是相同的，那就是父母对孩子真挚的爱。除了父母，我们的学长学姐也来现身说法。

设计意图 引导父母和孩子互猜书信内容，临场体会"别人家的父母"什么样，"别人家的孩子"什么样，从而触动父母和孩子"见贤思齐"。私享书信和握手拥抱，让亲情给孩子注入前行的力量。自由发言，营造"共同奋斗"的场面，激发学生拼搏一百天的斗志。

第二环节　学长学姐现身，激发斗志

1. 学长学姐视频讲话，"我在大学等你"

师：百日冲刺在即，老师还特别邀请了学长学姐给大家现身说法，看看他们的一百天是怎样度过的。（PPT 播放视频）

学长：××班的学弟学妹们，我是××学校的×××，秦老师的学生，回想起自己奋战高考的日子，送给大家一句话：把一切都看得很开，而又不放弃奋斗。

师：记得高三 3 月底"一模"考试，××× 分数很低，老师很着急，他却跟没事人似的，大模大样地说：没事！这就是大气魄、大胸怀，只有这样，才能笑傲高考。

学姐：××班的学弟学妹们，大家好！我是你们的学姐×××，是秦望老师的学生，我现在就读于××大学。我特别要感谢当初那个有所坚持、勇于拼搏的自己，是她让我看到了更大的世界，遇到了更多的惊喜。最后一百天，相信学弟学妹们都能全力以赴。

师：×××学姐的话，你们印象最深的是什么？她最感谢的是谁？

预设：最想感谢"那个有所坚持、勇于拼搏的自己"。

师："有所坚持、勇于拼搏"，她才有这个底气，而更大的世界、更多的惊喜，造就了她现在的从容、自信。当初，她还是个朴素的中学生呢。

2. 老班借题发挥，讲述学姐的故事

师：你们猜一猜×××学姐高中入学时是什么成绩？

预设：学生有人猜非常优秀，有人猜可能基础一般。

师：其实，她的高中入学成绩，比你们想象的还要弱，她是年级排名一千开外入学的。三年后，她强势逆袭。高考结束后，编写《班级史册》时，她写的回忆录，或许会给出答案。

（PPT 出示：请全体同学、家长、老师一起朗读《又一次，花开不败》。）

过渡：学姐的事迹激发了大家的斗志，老师们会给我们具体的学法指导。

○设计意图　用学长学姐的一百天寄语和故事打动学生和家长，让他们坚信，这里的老师值得信赖，这里的教育人才辈出。齐读学姐的《又一次，花开不败》，激励当下学生和家长、老师创造属于我们一百天的花开不败。

第三环节　教师支招，信心倍增

师：有可爱的同学互相陪伴，有无私的父母做坚强后盾，我们都树立了必胜的信心。高考百日冲刺在即，在老师指导下制订好适合自己的最后三个月的复习方案，一定能够达到事半功倍的效果。下面有请在场的各位老师悉心指导。

1. 各科教师学法指导

（PPT 出示各科学法指导提纲文本，同时下发详细学法指导材料。）

预设：父母和孩子一边学习学法指导材料，一边听老师讲解指导，有的

地方心领神会，有的地方则不太理解。

2. 家长、学生现场提问

预设： 有的家长问，作为中等生，如何在最后一百天实现突破？有的学生问，基础有点弱，怎样学才有效？还有学生问，成绩到了一个高平台就止步不前，怎么办？老师结合文本进一步解读说明：薄弱生重基础，中等生上台阶，绩优生力争满分。

过渡： 各位老师给大家做了具体学法指导，下面我来帮大家规划整体复习备考方略。

> **设计意图**　学生熟悉百日冲刺各科学习方法，使备考有章可循，家长了解冲刺阶段孩子的学习规律，可以缓解焦虑情绪。结合孩子特点，思考学习策略，使百日冲刺扎实有效。

第四环节　老班指导，汇聚力量

师： 各科具体学习方法已经明确，下面我给各位家长和孩子一套冲刺一百天的整体方案。

1. 整体复习指导

师： 最后一百天的复习和以前的复习相比有所改变，从掌握知识点转化为把点串成线、连成片，形成知识体系，加以融会贯通，从全面基础复习转入重点专项复习，对各科重点、难点进行提炼和把握，同时在掌握知识的基础上强化实际解题能力。（PPT 出示）

（1）考生复习备考"八不要八要"：
不要手忙脚乱地投入，要向计划要分数；
不要心浮气躁地请假，要向课堂要分数；

不要在乎一时的得失，要向心态要分数；

不要零敲碎打的要点，要向梳理要分数；

不要题海战术的求量，要向典题要分数；

不要只顾补弱的问医，要向优科要分数；

不要害怕书写的苦功，要向规范要分数；

不要求胜的疲劳战术，要向高效要分数。

（2）家长帮助孩子"五要五不要"：

家长要坚持陪伴孩子，不要偶尔过问；

家长要关注孩子身体，不要忽然生病；

家长要营造温馨气氛，不要家里争吵；

家长要时常鼓励孩子，不要盯着分数；

家长要保持情绪稳定，不要过多唠叨。

2. 心态调整练习

（PPT 出示："三招"教你克服高考大敌。）

（1）改变固有的思维方式。

师： 下面我们做一个改话游戏，比如：

我嘛，本来就不行。可以改成：我行。

我压根就不成器。可以改成：我要努力成才。

下面大家试一试。

（PPT 出示：老师给出前一句，学生在家长的帮助下填写后一句。）

预设：

那次本应该……→这次要干得漂亮！

我还不够努力。→只要我更加努力，下次考试就一定能考好。

我在做题时比较马虎大意。→我的知识学得是不错的，只要稍微再细心一点，我就可以多拿十几分。

我累坏了。→忙了一整天，终于可以好好休息了。

怎么坏事都让我碰上了？→又是一个考验我的机会。

老天爷，怎么那么多的题做不完？→一个一个来，最后总会做完的。

天呐，我再也坚持不下去了。→只要多做一点，情况总会变好的。

师： 这些话通过听觉渠道、言语渠道，反馈给大脑皮层的相应区域，形成一个多渠道强化的兴奋中心，能有效地抑制你的紧张情绪。认知调整是心理美容，能消除你心灵的肿瘤。

（2）练习心理暗示的方法。

师： 心理暗示有很多方法，我们一起学习操作要领，家长在日常学习生活中要提醒孩子勤加练习。现在请大家在我的指导下，做一次想象穿越：请大家闭上眼睛，开始想象。

（PPT出示：体验游戏——穿越考场。）

师： 你高考那天在广播声中进入考场，这个考场跟我们的教室相差无几。这时，监考老师走进考场，哦，他很像我曾经的一位老师，那位老师对我很好。我对监考老师微笑。我拿起考卷，统览全卷，大部分题会做，先把会做的稳当地做完，哦，我已经拿到了基本的分数，继续努力。后面一考生哗哗翻卷子，哦，高考卷子，哪能做这么快呢？估计会的不多。做完选择题立即涂卡，再做大题。大题有一道很难，做几分算几分，多一分是一分，有谁能一道都不错呢？写完试卷，还差三分钟，抽查一下，卡没涂错，把不会的猜一个选项涂上，再看看姓名、考号等信息，没有错误。我又想了一下中途丢下的选择题，居然一下子明白了，快速改涂。哦，铃声响了，完美收官。

师： 请缓缓地睁开眼睛，感觉怎么样？

预设： 同学们纷纷表示，要是高考能这样就好了。

师： 实力和技巧是我们的优势，如果平时的模拟考试前，多次这样想象，就会变成一种现实。"自然语言处理"有一个重要的理论：假想的事情对脑神经系统的影响和作用等同于真实发生。想多了，你就会自然地按这个流程去操作、去思考问题。暗示是动机的程序编码，暗示是思维的心理定势，暗示是梦想的无畏冲击，暗示可以打破自己的心理极限。

（3）体验简便的放松方法。

师： 下面给大家介绍两种简便的放松方法，大家在我的指导下一起练习

体验,家长掌握了,日常学习生活中可以带着孩子练习。(PPT 出示)

深呼吸法。打开考卷,你可能会紧张得心跳加快,甚至全身发抖,一筹莫展。请收腹提肛,缓缓地深吸气,然后缓缓地呼气,反复做几次。

放松操。作为一名考生,如果你面临心理危机或精神紧张,你可做以下放松操。请按我的指导做:坐在椅子上,感到很舒服。下面,两手放在桌上,接下来,用力地捏紧,捏紧,捏紧到不能再紧,然后缓慢放松,放松到不能再放松。请重复几次。

师:方法虽然简单,但会起到不错的效果,建议平时考试前多加练习。

3. 亲子互助行动

师:请孩子参照老师们所发材料和讲解,在家长的帮助下绘制百日冲刺规划表。

复习阶段	复习计划		学习方法	心态调整	身体健康
二轮复习 (总体安排)	语文				
	数学				
	外语				
	物(历)				
	化(政)				
	生(地)				
三轮复习 (总体安排)	语文				
	数学				
	外语				
	物(历)				
	化(政)				
	生(地)				

师： 孩子在家长的帮助下填写得都很认真，接下来，在执行过程中还要随机调整，使计划更合理。请把这张表张贴在书桌或自己卧室等随时可见的地方。

> **设计意图** 让家长和孩子知道整体的复习规划、各科的学习方法，并通过心态调整练习，舒缓孩子的紧张情绪，缓解家长的顾虑，最终一起帮助孩子实现学习目标。

会议总结

尊敬的家长朋友们，亲爱的同学们，百日冲刺是高中三年的收官之战。今天的会议，家长和孩子互读书信，实现同频共振；学长学姐现身，激发了我们的斗志；各科老师支招，给了我们具体实用的复习方法；整体规划令我们明晰方向；心态调节"三招"教我们克服高考大敌。这一切使得我们信心倍增，我相信，拼搏一百天，我们班终将星光灿烂。

会议延展

（1）家长对照调查问卷所提问题，反思自己的不足，并结合今天所学，督促孩子落实复习规划。

（2）提醒孩子花一个月时间尝试练习并找到最适合自己的心态调节法。

（3）适时跟各科老师和其他家长沟通，一起探讨帮助孩子冲刺高考，提升复习效率的方法。

（河南省济源第一中学　秦　望）

22. 心态调整：掌控焦虑，赢定高考

背景分析

高考前两三个月，家长的高期待、老师的高要求，加之高考在即的压力，导致大部分学生的考试焦虑会次数增多、程度加重，其学习和生活受到影响。个别学生会产生严重心理问题，甚至心理障碍。作为家长，一方面想尽自己最大的能力去帮助孩子顺利度过高三，升入理想大学；一方面又难以避免自己在"望子成龙，望女成凤"的焦虑中手忙脚乱。如果这个时候，家长能够陪孩子们一起有效解决高考焦虑，及时优化考试心态，那么孩子们的升学考试会轻松一些，一家人的亲子关系会更加和谐。

本次家长会召开的时间是高考前夕，参加的人员是学生及陪伴学生的主要家庭成员。

会议目标

目标	家长	学生
知识层面	知道焦虑程度与学习效率之间的关系。	知道考试焦虑程度与考试效果之间的倒U型关系。

续表

目标	家长	学生
能力层面	提高识别孩子可控与不可控焦虑的能力，助力孩子提高心态的稳定性。	能够分清可控与不可控焦虑，掌控可控焦虑，做出行为调整，缓解过度焦虑，稳定心态。
态度层面	接纳孩子的焦虑，助力孩子调整心态。	接纳自己的焦虑，积极化解过度焦虑。

会议准备

1. 材料准备

（1）空白手牌、粗记号笔、磁扣和彩色卡纸。

（2）中心印有"我不能"的红色卡纸和中心印有"我可以"的绿色卡纸。

（3）下载《江苏教育家长微课》中关于考试焦虑的专家小视频。

2. 环境准备

可供家庭成员四周围坐的艺体馆，有多媒体，放置可以贴磁扣的展示黑板。

3. 其他准备

（1）做活动宣传海报。

（2）搜集同学们近期的典型焦虑问题，尤其是与家长在一起时的突出问题。

（3）提前告知家长思考自己帮助孩子处理焦虑情绪的一些方法。

会议过程

师：大家好！欢迎您准时参加我们的家长会。

曾有人做过这样的调查：采访一些清北学子，询问最影响这些学子高考发挥的因素是什么，很多人的回答是考前的心态。可见，我们"十年寒窗"

的孩子，在考前最后"一公里"，有个稳定的心态，是多么重要！

作为家长，我们有责任和义务陪孩子顺利走完高中最后一程，今天就让我们一起来探讨如何应对考试焦虑问题，希望通过我们的共同学习，助力孩子调节好心态，最终赢定高考，铺就美好人生！

第一环节　一起感知，觉察考试焦虑

1. 十指表达焦虑程度

师：让我们通过一个小活动，一起来感知我们的焦虑程度。

（PPT 出示：如果把你认为的最强焦虑定为 10 分，最放松的状态定为 0 分，那么你的焦虑有多少呢？请伸出您的手来表达。）

师：好的，做得非常好。我们大致了解了自己目前的状态。那你们得出了什么样的结论呢？请大家说一下。

预设：家长和孩子们充分觉察自己的焦虑水平，纷纷表达自己的感受——原来我们班大多数同学都有考试焦虑，只是有的人看着挺淡定，其实可能更焦虑。家长也提到，最近很多的家庭关系紧张问题，比如对爱人干着急、对孩子乱发脾气，原来跟自己对孩子的高考焦虑有关。

师：焦虑是我们面对考试任务时，期盼成功、害怕失败、特别担心的一种心理状态。

2. 手牌呈现焦虑表现

师：看来，面对高考这一压力源，我们都或多或少遇见了"焦虑怪"。那你遇见的"焦虑怪"有哪些典型表现？

（PPT 出示：书写您的"焦虑怪"。）

师：请充分觉察我们的焦虑情绪。现在请家长朋友和孩子们进行讨论，思考一下你们当前最为典型的考试焦虑是什么，在我们的空白手牌上用记号笔进行书写。写好之后，请举起手牌呈现出来。给大家 3 分钟时间。

预设： 经过讨论，每个家庭都清晰认识到自己的焦虑表现是什么。孩子们有的说自己还可以，按部就班；有的说自己吃饭睡觉受影响；有的说自己模拟考会出现过度紧张。家长们有的说自己对孩子没信心，没把握；有的说不愿意跟孩子说话，一说就想吵；有的说感觉自己爱人压力很大、脾气很爆。

师： 不难发现，考试焦虑不仅影响孩子们学习心态的稳定和模拟考试的发挥，也影响我们家长自己心情的愉悦和家庭关系的和谐。真的有必要释放一下啦！

3. 游戏释放焦虑情绪

师： 让我们在轻松的氛围里体验"萝卜蹲"游戏。（PPT 出示）

游戏规则如下：

（1）每个家庭由一名成员举起手牌，方便大家看到，比如"失眠""不自信""吵架"等。

（2）老师起头，提及哪个表现，哪个家庭就要一起接龙，在语言和行为上做出此种反应，并把"萝卜蹲"传给其他家庭。

示例：由老师随机起头，"萝卜蹲，萝卜蹲，萝卜蹲完食欲不振蹲"；手牌写有"食欲不振"的所有家庭就要一起做"萝卜蹲"的动作并做出"食欲不振"的反应，同时要传递给下一组——"食欲不振蹲，食欲不振蹲，食欲不振蹲完烦躁蹲"。

预设： 家长和孩子积极参与"萝卜蹲"游戏，场面活跃、热烈，现场一片欢乐，大家充分释放了焦虑情绪。

过渡： 通过以上活动，我们对自己的考试焦虑进行了觉察和了解。那么，有点焦虑是不是就一定是坏事呢？

> **设计意图**：通过设计巧妙的活动，每个家庭了解了自己的焦虑等级，也挖掘了焦虑典型表现。同时，在轻松愉悦的活动氛围中，家长彼此熟悉了一些，所有与会人员不再那么拘束，为下面的体验、分享做好铺垫。

第二环节　提高认知，有点焦虑非坏事

1. 如果生活零焦虑

师：我想问大家一个问题，你喜欢考试焦虑吗？为什么？

预设：家长和同学们基本回答不喜欢，因为压力大、不舒服、压抑、难受……可能个别会说还行，焦虑给自己紧迫感。

师：既然这么讨厌它，让我们提出一个假设：如果我们的生活零焦虑，将会怎样？

预设：家长和同学们多数回答自己会满不在乎、放弃、逃避、躺平；也有个别人说没有焦虑，生活将没心没肺、快乐加倍、无比轻松。

师：家长朋友们、同学们，让我们通过四种不同考试类型来谈谈自己的焦虑感受和效果。

2. 不同任务"焦"不同

师：面对我们的课堂限时练、周练和期中考试，你的心理状态一样吗？测试效果如何呢？如果是高考呢？

请大家来说说自己的感受。（PPT 出示）

测试类型	心理状态	测试效果
课堂限时练		
周练		
期中考试		
高考		

预设： 家长可能会说：没怎么管过课堂限时练和周练，即使考得不好，回家也没生气，会鼓励孩子加油，亲子关系融洽；对于期中考，结果还是要问一问的，考得不好很影响心情，会与班级其他同学比较甚至有时候会骂孩子；高考就无比担忧了，怕他考不好，怕平时没有把功夫下足，也怕到时候发挥不好。同学们会说：课堂限时练，会关注这两天的内容学会没有，不怎么关注结果；周练，会查漏补缺，不会影响自己的睡眠和心情；期中考，考前十天还是会有状况的，考前几天有时候食欲不好，有时候会与同学发生一些不愉快，考中会出现大脑空白，考后担心成绩不理想；高考，现在就担心，压力很大，唯恐自己考不好。

3. 倒 U 型关系理清楚

耶克斯－多德森定律：
心理学研究表明，焦虑水平和任务效率之间是倒 U 型关系。
如果任务容易，焦虑水平越高，任务完成越好；
如果任务难度一般，中度焦虑最有利于我们完成任务；
如果任务困难，高强度焦虑并不利于任务的完成。

师： 焦虑其实反映了我们的动机大小。心理研究表明，每项任务完成都会有一个最佳动机水平，而且最佳动机水平和任务类型也有一定关系。如果测试较容易，我们或许需要更多地去关注，才能取得较好效果；而测试较难时，你的关注越多，反而效果不是很好。所以，有点焦虑不是坏事，适当的焦虑反而有益于我们更好地完成任务。我们家长也是，如果对孩子的事情漠不关心或者过度担忧都不合适。不同的任务，您的关注度不同，因事而异，因时而异，孩子完成的效果或许会更好。

过渡： 有点焦虑不是坏事。其实，我们感觉不好并不是焦虑惹的祸，可能是我们自己需要进行调整。那我们该如何调整自己的心理状态呢？

设计意图 将心理学的理论结合自己的亲身感受,家长和同学们充分认识到有点焦虑不是坏事。我们对焦虑要有一个科学认知,面对焦虑时,不要有过于抵触的心理。

第三环节 头脑风暴,轻松调节有妙招

1. 彩色卡纸传方法

师: 让我们以家庭为单位,针对自己的"焦虑怪"总结出你们认为最有效果的调节方式,写到彩色卡纸上。写好之后,请沿顺时针方向往下延续两个家庭单位,最后将卡纸回归到我们自己的手里,并进行展示和分享。(PPT 出示)

焦虑怪			
调节主体	第一个家庭	第二个家庭	第三个家庭
孩子			
妈妈			
爸爸			

预设: 各个家庭会根据自己的情况进行调节方式展示,其他两个家庭也会给予一些建议或帮助。

师: 有没有哪个家庭愿意给大家演示一下?可以情景再现。

预设: 请愿意展示的家庭展示自己的调节方法,大家会简单再现一起做美食、出去游玩、坐下来聊天等情景片段。

师: 大家表现得很不错,让我们把刚才提到的方法进行一下总结。

2. 老师总结并补充

(1) 轻音乐放松,身心投入

(2) 运动解压,最好出汗

(3) 寻求帮助,互相倾诉

（4）享受美餐，一起下厨

（5）劳逸结合，好好睡一觉

（6）增加自信，给自己鼓励

（7）一起看电影，励志加油

（8）郊外旅游，美化心情

……

师： 我们在调节焦虑时，真是"八仙过海各显神通"。今天老师也班门弄斧，引入几种缓解焦虑的调适方法，希望大家也能试试。（PPT 出示）

（1）尊重大脑规律，看到进步，只跟自己比。

尊重大脑的自然规律，不要强求自己必须马上记住所有知识点，徒增压力。把关注点从每天的遗忘和失误转移到自己的进步和收获，只跟自己比，不断肯定自己、增强自信，就不会那么紧张。要不断看到自己各方面的进步，不要只盯着考试名次和分数。

（2）系统脱敏。

首先，让我们反复想想让我们感到焦虑的场景，并把这些场景进行罗列和程度划分，如站在考场外面、老师宣布开始考试、做到半截题目没有任何思路、做不完题等等，把这些情况从最焦虑到不焦虑进行程度划分。按照不同程度，逐渐进行系统脱敏，当你紧张时立即进行深呼吸。

（3）意象放松训练。

意象放松训练是一种行为治疗方式，今天让我们一起来具体实操。请所有在场人员倾情投入。

首先，想象现在就处在考场外，体会内心的紧张感受。

其次，开始进入放松状态。深深地吸进一口气，保持一会儿，再保持一会儿（约 10 秒）。慢慢地把气从口腔吹出来，慢慢地把气吹出来。体会放松的感觉（停一会儿）。

最后，重复上述操作三次。

注意：要让自己的意念在呼吸上。

考试前，每天练习一次。

师：除了我们自己总结的方法，让我们看看专家会给我们哪些建议。

3. 专家采访给建议

（播放《江苏教育家长微课》中关于考试焦虑的专家小视频。）

师：哪位家长可以总结一下，你有哪些收获？

预设：家长会从理论指导和实践操作方面谈谈自己的收获。

师：让我来采访几个家庭，你觉得这些调节方法是不是万能的？

预设：有的家庭会说哪种方法对自己有效果，有的说效果不大。老师给予充分肯定。

师：我们可以发现，一样的方法，在不同人身上，可能效果不一样。我希望大家可以把我们今天头脑风暴出来的成果进行尝试，每个人都要掌握至少三种对你来说比较有效的调节方法。

过渡：刚才也有人提到，有时候自己最强的"杀手锏"也有失手的时候，为什么调节方法会"失灵"？

设计意图　通过头脑风暴，发掘总结自己的调节方法，同时学习别人的方法，每个家庭要尝试不同方法，找到适合自己的两三招。

第四环节　接纳焦虑，行动起来少内耗

1. 由"排斥"到"接纳"

师：让我们一起做个心理小实验。

（PPT出示心理小实验：请不要想一只可爱的小猫咪。）

师：大家闭上眼睛，根据老师的指导语完成不想小猫咪的任务。

请不要想这样一只小猫咪，不要想它有一身雪白的绒毛，不要想它有一

双大大的蓝色眼睛，不要想它有两只小小的三角形耳朵，不要想它柔软的小爪在你身上蹭来蹭去，不要想它可怜兮兮地朝着你喵喵叫，请不要想有这么一只可爱的小猫在你身边。

大家脑海里现在是什么？你有什么感受？

预设：有个别人说是其他动物；很多人说是小猫，而且越不想想象，画面越清晰。

师：关于焦虑，我们越抗衡就越焦虑。所以，不如与焦虑和解。让我们接纳焦虑，顺其自然，为所当为吧！

2. 由"我不能"到"我可以"

师：首先，让我们看看我们都在焦虑什么，效果如何。（PPT 出示）

焦虑内容	效果

预设：家长和学生填写焦虑的内容和效果。比如同学们会说：我在焦虑别人比我学习更投入、下次是不是保不住我现在的名次、为什么注意力就是难以集中、怎么还有这么多东西没有学会……家长会说：我在焦虑别人家孩子怎么那么优秀、我的孩子是不是脑袋瓜不行、他的理科成绩怎么这么差劲、他怎么就不能专注投入地高效学习……最终的效果就是于事无济，而且发现焦虑的内容大部分是不能掌控的内容，只会越来越焦虑。

师：请大家就刚才的发言内容区分哪些是自己能掌控的，哪些是不能掌控的，将我们可以掌控的内容写到绿色卡纸上，将我们不能掌控的内容写到红色卡纸上。让我们思考一下，我们应该怎么做？

预设：家长和孩子达成共识——专注于做我们能做的部分，唯有在行动中，才能慢慢忘记了焦虑。

师： 是的，与其让我们的心灵之野长满杂草，不如行动起来，去努力种好我们想要的庄稼。

预设： 家长和孩子经过思考发现，解决焦虑的最好办法就是减少内耗，提高达成目标的行动力，多一些自己能掌控的行为。

师： 这是我们的行动力小卡片，请把它们粘在一起。当焦虑出现时，请您及时翻转卡片，把"我不能"变成"我可以"。提高行动力，这是最有效的心态调适方法。只有行动起来，才能从根源上解决压力源问题，从而减少或消除焦虑情绪。

设计意图 通过心理实验，让家长和学生明白，接纳焦虑是心态平和的前提。唯有行动起来，才能真正解决问题，从而让家长和孩子们把注意力放到行动上。与其与负面情绪抗衡，不如放平心态，实实在在解决问题。

会议总结

各位家长朋友们，今天我们一起学会了觉察焦虑、认识焦虑、调节焦虑、接纳焦虑、缓解焦虑。希望家长朋友们通过本次活动，从心态上更加理解孩子，从能力上能够帮助孩子，为我们孩子良好考试心态的形成不断助力，最终赢取高考的胜利。

会议延展

（1）对学生考试焦虑进行量表测试，对比学生焦虑情况，看是否有改善。
（2）课外活动时间，开展心理咨询室宣泄放松开放活动。
（3）安排具体时间，做考试焦虑症的个案辅导。
（4）要求家长写会后体验及助力措施，在班级微信群里打卡。

（河南省汤阴县第一中学　肖　华）

23. 考前励志：
以 16 班的名义宣誓

背景分析

几乎所有学校都会在高考前对学生进行励志教育，或请专家作报告、或举行成人礼、或徒步登山、或播放励志音视频等，目的是帮助学生调整好自己的状态。这时，学生压力变大、身体疲劳、内心焦虑，家长也容易产生木已成舟、有劲无处使的感觉。因此，在班上开展一系列的小活动，可不断地激励学生避免一切干扰，始终保持最佳状态。高考前 15 天的宣誓会，让孩子们看到班级与自己同在，自己在高考中并不孤单，并激发冲刺的决心与激情。将三年的成长浓缩成一段视频，既留下一份特别的记忆，又避免了写毕业留言册的干扰，让孩子们轻装上阵。

本次家长会参与对象是全体家长、老师、学生与部分领导。活动时间是 5 月 23 日。

会议目标

目标	家长	学生
知识层面	回顾班级三年奋斗足迹，明确孩子的奋斗目标。	回顾三年来的奋斗足迹，再次明确自己高考的奋斗目标与誓言。

目标	家长	学生
能力层面	参与到孩子高考中来，主动关心孩子，服务高考，促成孩子目标的实现。	保持昂扬斗志，掌握考前自我调控的具体方法，奋力冲刺最后15天。
态度层面	认同学校三年来的教育，相信孩子能在高考中取胜，主动地参与到高考服务中来。	激发奋斗的激情，满怀信心全力冲刺高考。

会议准备

1. 材料准备

精选照片，制作PPT，选出主持人，写好串词，组织部分家长录制祝福视频，组织相关家长、学生、老师、领导写好发言稿，收集学生的目标学校与奋斗誓言，印好会议串词。

2. 环境准备

搞好教室卫生，更新室内外文化宣传栏，准备好足够的桌凳，摆上饮料、水果，画好两棵知识树。

3. 其他准备

（1）订好专门设计的高考班服。
（2）安排好摄影工作。

会议过程

学生甲： 三年前，怀揣美丽的梦想，我们相聚16班！
学生乙： 三年后，为了更高远的追求，我们将挥手告别！
学生甲： 回首昨天，我们有过欢笑，有过泪水。
学生乙： 随意拾取，16班都能让我们怦然心动。

学生甲： "自带光芒，向阳生长"，是我们三年不变的成长理念！

学生乙： "十六十六，一枝独秀；勇攀高峰，敢与天斗"是我们响亮的班级口号！

学生甲： 花香书香、微信公众号、电影课程、班级仪式是我们一道道特别的风景线！

学生乙： 班级故事、谈心卡、班级黑板报与走廊文化墙、青春诗会是我们的一张张班级名片！

学生甲： 还有滚动着的互补式座位！

学生乙： 还有分区式的自主管理！

学生甲： 还有精心设计的周学导航！

学生乙： 还有振奋人心的励志门语！

学生甲： 还有"向我看齐""瞧我进步"的星光展板！

学生乙： 还有"集体生日会""趣味运动会"中挥洒的激情！

学生甲： 想起这些，我们怎能不为16班人感到骄傲？

学生乙： 想起这些，我们怎能不为16班人感到自豪？

学生甲： 今天，我们以16班为荣！让我们用成绩书写怀念。

学生乙： 明天，16班以我们为荣！让我们用成功装点人生。

学生甲： 高考，是挑战！我们一点都不怕！

学生乙： 高考，也是机遇！我们将创造奇迹！

两人合： 让我们一起以16班的名义宣誓吧！高三（16）班家长会——"以16班的名义宣誓"，现在正式开始！

过渡：

学生甲： 一路走来，高一，我们追求规范！

学生乙： 一路走来，高二，我们追求优秀！

学生甲： 一路走来，高三，我们追求卓越！

学生乙： 一幅幅图片，是我们青春的见证！

学生甲： 一个个场景，是我们成长的足迹！

学生乙： 下面我们进入第一环节：成长足迹，一起回忆！

> **设计意图** 班主任指导学生用简洁的文字,借助成对的语句,将班级特色做法集中呈现出来。用高度浓缩的文字,引领大家回顾班级成长历程,自然地引出家长会主题。

第一环节　成长足迹,一起回忆

[PPT 出示:(1)欣赏图片;(2)观看视频。]

学生甲: 首先,让我们伴着舒缓的钢琴曲,点击着一张张往日的图片,探访自己的成长足迹!图片里,有你,有我,也有他,请慢慢地欣赏,细细地回忆!

(PPT 动态呈现三年来学生成长的图片。)

学生乙: 这是 2020 年 4 月,江夏"在线家庭教育课堂"中,班主任程老师作《六招,让网课陪学和谐美好》的经验交流,先后被《湖北日报》《楚天都市报》报道!

(PPT 出示:程璐《六招,让网课陪学和谐美好》。)

学生甲: 这是 2021 年 6 月,卓越家长论坛中,刘翔禽的家长为我们作了《江夏小朱湾:武汉三乡工程破冰之旅》的精彩报告!

(PPT 出示:刘爱国《江夏小朱湾:武汉三乡工程破冰之旅》)

学生乙: 这是 2022 年 3 月,百日冲刺时,我们一起宣誓时的豪情万丈!

(PPT 出示:百日冲刺,集体宣誓。)

学生甲: 这是 2022 年 4 月,在毕业典礼和成人仪式中,我们满怀自信地越过成人门,踏上成功路!

(PPT 出示:毕业典礼和成人仪式——越过成人门,踏上成功路。)

学生乙: 多么亲切!

学生甲: 多么温馨!

学生乙: 往事历历在目。

学生甲: 教诲犹在耳旁。

学生乙: 如此熟悉的往事,让我们激动不已。

学生甲：如此班级的辉煌，让我们满怀豪情！

过渡：

学生乙：图片，勾起了我们最深的记忆。

学生甲：视频，激发了我们讲述的热情。

学生乙：对于16班，在我们的记忆的深处，一定还有许多美丽的故事要讲。

学生甲：对于16班，在我们一起成长的路上，一定还有许多精彩的瞬间要说。

学生乙：下面我们进入第二环节：16班记忆，大家来讲！

设计意图　班主任从学生入学第一天开始，就要及时抓拍班级美好镜头。在精选图片时，争取做到点面结合，既有个人特写，又有集体合照，让每个人都能多次出镜。而视频展示，可因班级情况灵活处理。借助250多张图片，伴着柔和的钢琴曲，带领大家走进回忆。这是一段长长的铺垫过程，也是班级情绪酝酿的过程。

第二环节　16班记忆，大家来讲

（PPT出示：学生、老师、家长畅谈美好记忆。）

学生甲：首先请学生代表A讲述。（学生乙点评）

学生乙：接着请学生代表B讲述。（学生甲点评）

学生甲：有请教师代表A讲述。（学生乙点评）

学生乙：有请教师代表B讲述。（学生甲点评）

学生甲：有请家长代表A讲述。（学生乙点评）

学生乙：有请家长代表B讲述。（学生甲点评）

学生甲：有请家长代表C讲述。（学生乙点评）

学生乙：最后请班主任程老师讲述并寄语。

（PPT出示：班主任讲述并赠送寄语。）

预设：提前安排两名学生、两位老师、三位家长写好3分钟以内的发言稿，做到有备无患，保证活动顺畅开展。

过渡：

学生甲：听了讲述，16班呀，有一千个理由，让我们为你怦然心动！

学生乙：听了讲述，16班呀，有一千个理由，让我们为你热血沸腾！

学生甲：回首昨天，我们幸福满满！

学生乙：展望将来，我们激情澎湃！

学生甲：三年的等待，只为高考的绽放！

学生乙：三年的修炼，更为人生的精彩！

学生甲：喊出心中的梦想，踏出最坚实的步伐！

学生乙：喊出心中的梦想，锻造出最优秀的自己！

学生甲：下面我们进入第三环节：见证梦想，商定行动！

设计意图　经过上一环节的情绪酝酿，大家应该有了参与冲动，这时让学生、老师、家长分别参与到活动中来，从不同的视角全方位地回忆班级往事，让大家的心贴得更紧，让班级情感得到升华。

第三环节　见证梦想，商定行动

1. 见证梦想

[PPT出示：(1)两位主持人分发纸条，家长与学生合作，确定心中理想的大学，并拟写好奋斗誓言，再收回纸条，各收一半；(2)两位主持人依次大声念出大家的梦想与奋斗格言；(3)同步播放林子祥的《男儿当自强》MV。]

学生乙：下面由我们两位主持人分发纸条，请家长与孩子一起合作，指导孩子写下心中理想的大学，并写好激励自己奋斗的响亮誓言。

学生甲：好，时间到，下面请大家将写好的誓言分别交给我们两位主持人。第1、2组交给我，第3、4组交给乙（主持人在组间行走收纸条，各拿一半）。

学生乙：下面是我们见证梦想的光辉时刻！

学生甲：下面是我们喊出誓言的万丈豪情！

学生乙：为了实现兰州大学的梦想，×××说：梦想铸就成长，希望照亮未来，高考，看我的！

学生甲：为了实现中南财经政法大学的梦想，×××说：祷以恒切，盼以喜乐，苦以坚忍，必有所得！

学生乙：为了实现广东财经大学的梦想，×××说：早起三伏，晚卧夜学，我定走向向往的远方！

学生甲：为了实现湖北大学的梦想，×××说：我要做真正的大师，永远怀着一颗学徒的心！

学生乙：为了实现江汉大学的梦想，×××说：少年不惧岁月长，彼方尚有荣光在！

学生甲：为了实现湖北大学的梦想，×××说：我的道路没在岔口，因为未来早已笃定！

学生乙：为了实现中南民族大学的梦想，×××说：改变惯性，重塑人生，充满希望！

学生甲：为了实现集美大学的梦想，×××说：俱怀逸兴壮思飞，欲上高楼揽明月，高考，拼了！

……

学生乙：祝大家心想事成！

学生甲：祝大家美梦成真！

2. 商定行动

[PPT出示：（1）分发相关文章，家长、学生分别阅读；（2）家长与学生一起商定具体行动方案；（3）相互交流行动方案，同时播放音乐《我的未来不是梦》。]

学生乙：梦想的实现，需要明确的目标，更需要切实有效的具体的行动。

学生甲：梦想的实现，需要饱满的激情，更需要家长、学生的共同努力。

学生乙：高考从来不是我们学生一个人的事，高考临近之际，我们家长要怎样做？我们学生要怎样做？下面请大家阅读相关文章，寻找适合自己的答案。

学生甲： 读了文章，大家一定很受启发。下面请家长与孩子一起商量，分别在各自的纸上拟写出符合自身实际情况的"家长行动方案"和"学生行动方案"。

学生乙： 下面是相互交流时间，请大家按照座位顺序，第1、2组与第3、4组的学生之间、家长之间交换行动方案，相互学习。（音乐《我的未来不是梦》响起）

学生甲： 下面由我们两人收回大家的行动方案，我收家长的，乙收学生的，大家的行动方案将由宣传组的同学粘贴到教室外墙的智慧树上。

过渡：

学生乙： 我们满怀火热的激情，相信未来不是梦！

学生甲： 我们迈着坚毅的步伐，迎来一段精彩的人生！

学生乙： 下面我们进入第四环节：庄严宣誓，家校合力！

设计意图　在主持人念学生誓言时，后台同步播放林子祥《男儿当自强》MV，掀起活动高潮。提前让宣传组在教室外墙画好两棵智慧树，并分发准备好的文章，组织分头阅读。分发印有"家长行动方案""学生行动方案"的纸张，让家长与学生分别拟写好切实可行的行动方案。有了前两个环节的铺垫，班级情绪被调动了起来。此时，在家长、老师的见证下，主持人依次念出每名学生的高考目标与奋斗誓言，使每个孩子感受到来自家庭、班级的关注，从而下定决心去奋力拼搏，也让家长感受到孩子的成长，对高考满怀希望，积极参与进来，主动商定行动方案，自然地过渡到下一个宣誓环节。

第四环节　庄严宣誓，家校合力

学生甲： 以16班的名义宣誓，我们充满自信地谱写自己的青春赞歌！

学生乙： 以16班的名义宣誓，我们满怀豪情地打造令人感叹的人生！

学生甲： 首先，请学生代表×××宣誓。

1. 代表宣誓

以16班的名义，我×××在此庄严宣誓：

我将珍惜15天，让飞翔的梦在6月张开翅膀；我将奋斗15天，让雄心智慧在6月发出光芒；我将拼搏15天，让父母恩师在6月畅想期望；我将苦战15天，让胜利的喜悦与昔日的伤痛一起埋葬！

我起誓：收起昨日的沮丧，我笑看今朝！摒弃昨日的彷徨，我镇静从容！忘记昨日的挫折，我勇往直前！壮志凌云，我永不言弃！青春年华，我人生无悔！

我承诺：15天，我将卧薪尝胆；15天，我将锲而不舍；15天，我将脱胎换骨；15天，我将成就梦想！我行，我行，我能行！

我是一中最棒的学子，我将以优异的成绩为16班增辉！请16班放心，请老师放心，请家长放心！

我会让理想在6月飞翔，我会让智慧在6月闪光，我定会再创一中又一个辉煌！

宣誓人：×××

××年5月23日

学生乙：接着，请听大家的真情宣言。
学生甲：下面，请全体起立，看着屏幕，举起右手，集体宣誓。

2. 集体宣誓

我们来自乡村，来自城镇；承载着亲情，背负着厚望，掌握着自己的明天。在这儿我们郑重宣誓：

我们牢记重托，不忘师恩，严守纪律，勤奋学习；唤醒所有的潜能，凝聚全部的力量，全力以赴，创造辉煌！

珍惜15天，让心中的理想在6月展翅飞翔；

把握 15 天，让成功的喜悦在 6 月灿烂绽放；

奋战 15 天，让微笑挂满父母恩师的脸庞；

拼搏 15 天，让 16 班再谱华章！

宣誓人：16 班全体学生

××年 5 月 23 日

学生乙：下面请看视频，欣赏家长代表们的誓言与祝福。

3. 家长宣誓

（PPT 出示家长宣誓与祝福视频。）

4. 班主任宣誓

学生甲：请班主任程老师代表老师宣誓。

东风吹，战鼓擂，如今世界谁怕谁！我被大家的誓言深深地感动着，也被大家的激情深深地震撼着！我也跃跃欲试地来到这里作为老师代表宣誓。

"好风凭借力，扶我上青云。"只要愿意，我们老师将成为大家登天的梯子，送大家平步青云。

我的口号是：跟着老程走，考好语文不用愁。

我的誓言是：为了大家，哪怕头发掉光，我也愿意！

学生乙：请年级书记讲话。（略）

过渡：

学生甲：听，火辣辣的誓言，多么振奋人心啊！

学生乙：看，沉甸甸的激情，多么鼓舞士气呀！

学生甲：想起了那句口号：十六十六，一枝独秀；勇攀高峰，敢与天斗！

学生乙：想起了那句口号：点燃青春激情，放飞人生梦想！

设计意图 提前在家长群中发出号召，让大家制作、上传祝福小视频，精心剪辑并配上音乐，尽可能地全部呈现。班主任的发言要精心准备，做到简短、有力、有趣。能邀请到年级或学校领导参与并讲话最好，如果不行，这一步可去掉。在上一个环节，学生进行了展示了自己的高考奋斗目标，也借主持人之口说出了自己的奋斗誓言，家长与学生一起拟定了行动方案，可谓情绪高涨，此时趁热打铁，让大家集体宣誓，达到推波助澜的效果。家长代表、班主任宣誓，既让学生看到冲刺高考有坚强的后盾，底气十足，又让出席会议的各方都能参与到活动中来。

第五环节　完美落幕，期待精彩

（播放音乐《我的未来不是梦》。）

学生甲： 有了回忆，人生不再寂寞！

学生乙： 有了奋斗，生命必将精彩！

学生甲： 怀念16班，是你的包容，让我们一步步走向成熟！

学生乙： 怀念16班，是你的陪伴，让我们体味人生五味！

学生甲： 风风雨雨，我们破茧成蝶，起舞在绚烂的花季。

学生乙： 起起落落，我们鹰飞长空，驰骋在青春的苍穹。

学生甲： 冲锋的号角已经吹响！

学生乙： 进军的鼓点催人奋进！

学生甲： 为了16班，我们拼了！　16班必胜！

学生乙： 为了16班，我们拼了！　16班必胜！

两人合： 因为，我们曾以16班的名义，宣过誓！"以16班的名义宣誓"家长会到此结束！谢谢大家！

设计意图 如果说"会议开始"相当于音乐中的"序曲"，在用高度浓缩的文字，引领大家回顾班级成长历程的话，那这里的"活动结束"就相当于音乐中的"尾声"，则是在用诗意的语句，营造余音袅袅的氛围。淡入淡出，首尾呼应。

会议总结

通过这次家长会，我们一起回顾了三年来的成长历程与精彩瞬间，我们也用自己的方式说喊出了心中的铮铮誓言。这是一段美好的记忆，我们将为大家制成精彩的视频，分发给大家，无须再去花时间写毕业留言册啦！接下来，请同学们轻装上阵，挥洒豪情，冲刺高考，实现誓言，考上自己心中理想的大学吧！

会议延展

（1）家长、学生自由照相，并精选照片上传到家校群中，教师制作成动态视频上传到家校群中，由大家自由下载留存。

（2）借布置高考考场之机，让班干部组织学生清理教室里所有的文化宣传，将美好记忆放在心中，轻轻松松地迎战高考。

（3）请专人制作活动视频，分发给教师、学生、家长保存，成为永久的记忆。

（湖北省武汉市江夏区第一中学　程　璐）

24. 志愿填报：志愿填报不求人

背景分析

高考结束后，高三学子们进入"选大学择专业"这一影响人生发展的关键决策阶段——志愿填报。一些家长在高一生涯规划主题家长会召开后，积极按照老师的指导进行持续学习；有的家长工作繁忙，准备工作不够充分。学生自己对生涯探索也不够深入。高考政策每年都有调整，有必要在高考结束后、志愿填报前召开一次关于志愿填报的主题家长会。

本次家长会参与对象是本班全体家长和学生，高三高考结束后的三天内以直播的方式在微信群（或钉钉群）召开。

会议目标

目标	家长	学生
知识层面	了解志愿填报的基本知识。	了解志愿填报的基本知识。
能力层面	掌握志愿填报的流程方法，能与孩子商量所选志愿。	掌握志愿填报的流程方法，能够选择适合自己的志愿。
态度层面	高度重视志愿填报的准备工作。	主动了解院校和专业相关信息，积极与父母沟通志愿填报方案。

| **会议准备** |

1. 问卷调查

各位家长朋友，志愿填报是高考的重要环节，您对孩子的想法了解多少？您对孩子准备报考的大学、专业、想去的城市、心目中理想的职业等了解吗？志愿填报是家长与孩子不断协商，选择适合孩子的学校和专业的过程。为此，我们将做一次问卷调查，请您如实填写。本问卷仅供老师了解家长情况使用，不会外泄！

1. 孩子在历次大考中的成绩表现如何？高考成绩评估在哪一个分数段？

2. 您给孩子选择了哪几种升学途径？准备工作做得如何？

3. 孩子准备选择哪几所大学，哪几个专业？

4. 孩子准备从事哪几个职业？这些职业跟哪些专业及大学对应？

5. 关于志愿填报，您和孩子商讨过吗？

6. 孩子所选的六所大学的当年招生章程您收集完整了吗？

7. 您希望得到老师的哪些帮助？

2. 材料准备

收集各类招生政策、志愿填报术语解释及案例文档。

3. 环境准备

高考结束后，立即在群内发志愿填报家长会通知，在群里预热。

4. 其他准备

按照孩子高考预测分数段，给家长初步分组。

会议过程

师： 尊敬的家长朋友们，大家好！

考虑到大家工作都很忙，有的家长路途远，本次全员家长会在班级微信群召开。"行百里者半九十"，高考志愿填报是高考升学的重要环节之一，一定程度上影响孩子后续的职业选择与人生发展，需要家长们格外重视。而志愿填报对大家而言，是一个比较陌生的领域，就算升学专家也未必能全面深入地理解其中奥秘，我们需要细心学习、谨慎选择，通过合作学习，帮助孩子攻克难关，圆一个理想的大学梦，少留遗憾。

第一环节　高校状况早知道

1. 家长按分数分组

师： 为了便于交流，合作搜集研究志愿填报相关信息，依据调查问卷，结合孩子预估分数段，把大家分成 A（名校组）、B（双一流组）、C（普通本科组）、D（高职高专组）、E（音乐组）、F（美术组）、G（体育组）七个小组，等高考成绩出来后，再依据实际成绩微调。

（PPT 出示分组交流规则。）

（1）班级大群统一开会，各小组单独建小群，选出组长（有一定志愿填报基础知识，有热情，有时间，有一定组织能力）。

（2）组长组织成员快速互认，便于组内分工合作。

（3）各组搜集到志愿填报通用信息，可到大群分享。

（4）疑难问题可先在小组交流，再到大群分享。

预设： 各个小组很快选出组长，各小组短暂交流互认后回到大群。

2. 老师讲高校类别

师： 各位家长，依据高考后的预估分数以及平时大考的分数和排名，经过跟孩子商量，您和孩子选择了哪几所大学（6所）？家长在小群里交流，然后老师集中讲解大学分类分层表，为家长帮孩子选报大学提供准确信息。（PPT 出示）

全国高等学校共计 3013 所（截至 2022 年 5 月 31 日，未含港澳台地区高等学校），其中：普通高等学校 2759 所，成人高等学校 254 所。		
1. 办学规模和人才培养层次	本科院校	1270 所
	高职（专科）院校	1489 所
2. 办学实力和办学水平	重点本科院校	
	一般本科院校	
3. 学科专业设置特点	综合性大学	一级学科
	行业性大学	一级学科、专业发展取向
	美院、体校、音乐学院	
4. 办学体制和办学性质	公办学校	
	民办学校	2010 年独立学院与母体脱钩
5. 管理体系和隶属关系	部属院校	
	省属院校	
6. 按不同目标	一流大学	A 类 36 所，B 类 6 所
	一流学科大学	95 所
7. 中外合作办学	中外合作大学	5 所
	中外合作项目	
8. 按不同地域及产业结构	城市群	
	一线	
	二线	
	其他	

续表

9. 校区与分校	单独招生的医学部	
	同名不同校	中国石油大学、中国矿业大学、中国地质大学、华北电力大学
	异地设分校	直属分校、联办分校（独立学院）
	异地设校区	分部不分校、异地办学
10. 特色大学	北京印刷学院、北京服装学院、北京物资学院、中华女子学院、中国劳动关系学院、防灾科技学院、外交学院、上海海关学院、上海立信会计学院、南京审计大学、中国计量大学、景德镇陶瓷大学等。	

3. 亲子共填分类表格

师： 您和孩子所选的大学，对应表中10种分类，每所大学具体属于表格10类中的哪一小类？请对号入座。（PPT出示）

所选大学	1	2	3	4	5	6	7	8	9	10
大学1										
大学2										
大学3										
大学4										
大学5										
大学6										

预设： 有的家长对大学层次有了整体清晰的了解，开始调整大学选择，不明白者，小组互动讨论。

过渡： 仅国内大学就有3000多所，经过筛选，6～10所进入您的视野，是不是就完成了准备工作呢？这是远远不够的，大学与专业相结合，才具有了职业方向的意义。因为同一大学不同专业，同一专业不同大学，科目开设和人才培养方向的差别仍是很大的。

设计意图：把家长按预估分组，使得志愿填报交流更方便；老师再讲解大学类别和层次，为家长和孩子选大学提供进一步参考。

第二环节　专业类别须分清

师："选课走班"时大家就已知道，大学有 14 个大学科门类，90 多个专业类，共 700 多个专业，对应 1500 个左右职业。经过两年探索，您和孩子选择的 6 所大学，分别对应的专业、职业及行业是什么？请依据会前的问卷调查，正式填表。（PPT 出示）

大学	专业	职业	行业

预设：家长和孩子交表后，老师大致浏览，进一步指导。

师：专业跟所读大学有一定关联度，以电气工程及自动化专业为例，如果就读的是行业性较强的电力类大学，如华北电力、上海电力、东北电力等，毕业后更容易进入国家电网系统；如果是综合性大学的同一专业，口径宽，进入行业性职业比例低。

同样是英语专业，如果读的是师范类英语专业，更容易在中小学谋一份英语教师的职业；如果读的是外国语学院或综合性大学的英语专业，要考教师资格证，才可以应聘英语教师。

预设：表格填写情况不一，有的家庭填写到位，有的信息不清。留待会后小组研讨，再填写。

师：大学、专业、职业、行业，如果想都研究明白，需要学习专业的升学指导知识，对于家长和孩子来讲是不现实的。但是，就你所选定的 6 所大学及所选专业范围进行收集研究是可能的。

过渡：分清专业后，接下来还要研究政策，因为政策每一年都有变化。

设计意图 通过填表，使家长和孩子了解自己所选专业与大学、职业和行业的关系。

第三环节　录取政策要吃透

师：经过两年的准备，很多家长应该对招生政策及规则都有所了解。下面请各小组众筹智慧，互助合作，按表格所列项目，了解对应政策。

1. 招生录取政策

师：不同省市的专业录取政策有所不同，这里取交集，确定普通类专业平行志愿填写政策。（PPT 出示）

政策规则	主要内容
高校招生政策	
省级招办录取政策	
招生录取流程	

师：各小组组长汇总大家收集到的相关政策，分享给每位家长。如果有的家长不明白，会后可以通过小组讨论或教师答疑的方式进一步学习。接下来，我们要进一步了解志愿填报应知应会的术语。

2. 志愿术语解读

师：我收集了志愿填报必须了解的术语，请各组认领，为各位家长解读。

（PPT 出示）

1.分数线；2.投档线；3.录取批次；4.投档比例；5.平行志愿和顺序志愿；6.专业级差分；7.专业调剂；8.分数清和志愿清；9.分数排位；10.考生线差和录取线差；11.志愿梯度（院校梯度和专业梯度）；12.分段办法；13.志愿设置；14.录取流程；15.投档办法；16.考生位次。

（家长试解读后，教师共享解读资料。）

3. 志愿填报原则

原则	适用对象
职业优先	职业理想非常明确的学生。
专业优先	专业特长明显的考生；高考分数较低的考生。
学校优先	成绩优异的考生；踩线考生；准备大学毕业后出国深造的考生。
地域优先	职业、专业和学校没有特殊要求的考生。

4. 录取规则问题

师： 志愿填报类型多样，录取规则却大同小异，请各小组在已经了解招生政策和录取规则信息的基础上，回答以下问题（PPT 出示）：

（1）您的孩子是哪类考生？可以填报这一志愿吗？

（2）这一类志愿填报时是分段填报还是集体填报？如果是分段填报，那么分段规则是什么？

（3）如何确定志愿录取时的先后顺序，即录取位次如何确定？

（4）这类招生的志愿规则是什么？（常见的为"专业＋学校""专业组""专业大类"等）

（5）它是遵循什么规则投档录取的？投档比例是什么？如果未能录取，

如何处理？

（6）志愿填报在什么平台上进行？怎样操作？

（以上6个问题参考了生涯规划专家王小平的研究成果）

师：如果以上问题，经过小组讨论，都能回答出来，说明您已经做好了志愿填报的关键一步。

预设：有的家长准备充分，会上可以完成招生录取政策资料及规则、术语的汇总和问题的回答，有的准备不充分，会后需继续学习。

过渡：尽管我们了解了高校、专业、政策，在具体填报志愿时还会遇到难以选择的问题。

设计意图 通过小组研讨、教师微讲座、会后查资料等形式，让家长全面了解志愿填报的政策、术语、原则、规则，为预报志愿做知识准备。

第四环节 "两难"问题慎选择

师：志愿填报最终是为了选择职业，我们以一个具体案例来说明。（PPT出示）

（注：以下案例采用生涯规划通用模板。）

小敏首选计算机科学与技术专业。

步骤一：确定你的职业决策考虑因素，如做销售、办公室工作、考研三个方案。

步骤二：把三个方案填入平衡单的选择项目中。

步骤三：在第一栏职业决策考虑要素中，根据对你而言职业选择的重要性和迫切性赋予权数，加权范围1～5倍。权数越大说明你越重视该要素。

步骤四：打分。根据每个方案中的要素进行打分，优势为得分，缺点为减分，计分范围为1～10分。

步骤五：将每一项的得分和失分乘以权数，得到加权后的得分或失分，分别计算出总和，最后加权后的得分总和减去加权后的失分总和得出"得失差数"，并以此分数来做出最后的决定，即比较三个选择方案的"得失差数"，得分越大，该职业方案越适合你。

下面是小敏利用生涯决策平衡单做出的职业决策的结果：

考虑因素		重要性的权数（1~5倍）	中学教师		销售总监		考研	
			+	−	+	−	+	−
个人物质方面	1. 符合自己的理想生活方式	5		3	9			5
	2. 适合自己的处境	4	8		9		7	
	3. 有较高的社会地位	3	5			3	9	
	4. 工作比较稳定	5	9			9	9	
他人物质方面	1. 优厚的经济报酬	4	5		8		9	
	2. 足够的社会资源	5	8		7		9	
个人精神方面	1. 适合自己的能力	4	8		9		7	
	2. 适合自己的兴趣	5	5		9			8
	3. 适合自己的价值观	5	6				5	
	4. 适合自己的个性	4	7		9		6	
	5. 未来发展空间	5		3	8		9	
	6 就业机会	4	3		8		9	
他人精神方面	1. 符合家人的期望	2	6		5		9	
	2. 与家人相处的时间	3	7		4		9	
加权后合计			312	30	399	54	384	65
加权后得失差数			282		345		319	

师：小敏的决策方案的得分情况是市场销售总监＞考研（高校计算机专业教师）＞中学信息技术教师，综合平衡之后，市场销售总监较为符合小敏

的职业生涯目标。在进行职业选择时，小敏最为看重的是：是否符合自己的兴趣与职业价值观、职业是否有发展空间、是否符合自己的理想生活方式等几个方面。

师：各位家长和孩子可以根据所选专业，根据决策平衡单练习下职业决策。

预设：根据决策平衡单练习职业决策有点儿难度，文化程度较高的家长，基本能理解；文化程度低的家长，可直接根据孩子所选专业确定职业并填表。

过渡：掌握了决策方法就万事大吉了吗？前行的路还有一些坑需要我们避过。

设计意图　志愿填报关系到未来的职业选择，通过介绍一个具体的案例，让家长和孩子掌握两难选择问题的解决方法。

第五环节　信息不明懂避坑

师：每年高考填报志愿，都有相当一部分学生因不懂避坑而"上当"。那么，有哪些误区和天坑呢？请各位家长畅所欲言。

预设：家长分享的部分志愿填报误区，不够全面。推荐翻阅吕迎春老师编著的《高考：填报志愿的30个陷阱》和我校生涯规划老师提供的资料。

过渡：了解了避坑信息，接下来进入有序填报志愿环节。

设计意图　填报志愿过程中，若因不懂避坑而"上当"，会让学生的努力与汗水付诸东流。分享给家长避坑资料，使志愿填报能够减少失误。

第六环节　填报志愿有步骤

师：高考分数以及位次结果公布后，模拟填报志愿，可以按以下六步走。

24. 志愿填报：志愿填报不求人

（PPT 出示）

第一步，分数换算：结合高考分数和省排名以及近三年的数据，换算出今年的分数相当于往年的哪一分数段和省排名。

第二步，查分数线：所选学校的最低提档分和专业录取分。

第三步，模拟投档：按照近三年数据模拟投档。

第四步，看招生数：根据当年与近三年招生计划数的变化大小来预测被录取的可能性。

第五步，核对章程：再次核对大学招生章程，看是否符合要求。

第六步，保存志愿：至少正式提交前一天把模拟填写的志愿表保存好，正式提交前半天再检查一下，有误差的地方修改后正式提交。切忌最后几个小时匆忙提交，避免出现系统不畅或失误来不及修改的问题。

师：请根据所估分数，模拟填写志愿表。（PPT 出示）

姓名：		高考总分：			全省位次：			录取批次：			
院校名称	专业名称	招生指标			投档最低分			最低排名			录取概率
		前三年	前两年	前一年	前三年	前两年	前一年	前三年	前两年	前一年	冲保稳

续表

院校名称	专业名称	招生指标			投档最低分			最低排名			录取概率
		前三年	前两年	前一年	前三年	前两年	前一年	前三年	前两年	前一年	冲保稳
						是否同意调剂:					

师：经过模拟整理后，请填写正式志愿表。（PPT 出示）

高考报名号		姓名：	
选考科目			
志愿序号	院校名称		专业名称
1			
2			
3			
4			
5			
6			
……			
80			
	是否同意调剂：		

预设： 由于会前已让家长查了近三年相关数据，有部分家长能够正确模拟填写，有部分家长填写不准，小组讨论后，老师加以指导确认。

> **设计意图** 通过六步练习志愿填报，让家长熟悉检查志愿填报的流程，确保高考志愿填报最后一关顺利通过。

会议总结

本次志愿填报网络家长会，既是对选课走班以来各位家长掌握的生涯规划知识的检验，又是对志愿填报重要性的提醒和演练。已掌握相关知识的家长，会后帮助本小组成员熟悉相关知识，未能熟练掌握的家长，请主动请教小组成员，组长要发挥组织协调作用，力争使全班的家长和孩子在高考最后一关——志愿填报不留遗憾。

会议延展

（1）高考成绩公布前，继续熟悉今天所选大学、专业、职业相关知识。

（2）高考成绩公布后，小组自动微调，依据孩子的分数和位次选定大学和专业。

（3）正式提交志愿报表前三天，进行模拟填报。

（4）正式提交志愿报表前一天，跟同一小组的家长互换检查再提交。

（河南省济源第一中学　秦　望）

图书在版编目（CIP）数据

创意家长会. 高中卷 / 秦望，吴小霞主编. —上海：
华东师范大学出版社，2024. — ISBN 978-7-5760-5294-7

I. G459

中国国家版本馆 CIP 数据核字第 2024SP5393 号

大夏书系 · 全国中小学班主任培训用书

创意家长会（高中卷）

主　　编	秦　望　吴小霞
副 主 编	程　璐　敬小娟
责任编辑	卢风保
责任校对	杨　坤
装帧设计	奇文云海 · 设计顾问

出版发行	华东师范大学出版社
社　　址	上海市中山北路 3663 号　邮编 200062
网　　址	www.ecnupress.com.cn
电　　话	021-60821666　行政传真 021-62572105
客服电话	021-62865537
邮购电话	021-62869887
地　　址	上海市中山北路 3663 号华东师范大学校内先锋路口
网　　店	http://hdsdcbs.tmall.com/

印 刷 者	北京密兴印刷有限公司
开　　本	700×1000　16 开
印　　张	18
字　　数	266 千字
版　　次	2024 年 10 月第一版
印　　次	2024 年 10 月第一次
印　　数	5 100
书　　号	ISBN 978-7-5760-5294-7
定　　价	72.00 元

出 版 人　　王　焰

（如发现本版图书有印订质量问题，请寄回本社市场部调换或电话 021-62865537 联系）